JN438351

# 여명의 빛 하늘에

우리 가족의 둥지를
사랑으로 품어주신
부모님의 영전에
나의 첫-시집을 받칩니다.
(父 문봉래, 母 김경추)

# 여명의 빛 하늘에

문정숙 시집

도서출판 천우

## ● 시인의 말

자연은 사유를 품고 바람은 소리로 연주하듯 늦깎이에 시로 오색 무지개 그리는 내면의 소리를 품고서 길다면 길고 짧다면 짧은 여정을 걸어가면서 기억해야 할 것들을 남기고 싶은 한 가닥의 소망을 시나브로 엮어 온 풍경 같은 삶의 표상과 신비로운 감성세계를 숨길 수 없는 예술혼으로 깊은 족적을 남기려 합니다.

부모님께서는 늘 다섯 공주 중 하나의 딸이라도 아름다운 세상에 주어진 것들을 예쁘게 묘사하는 꽃 같은 딸 하나 있었으면 하고 그렇게 바라셨는데, 셋째 딸인 내가 소중하고 값진 "문학세계"라는 선물을 받고서 시인다운 시인으로 나름대로 열심히 노력한 흔적을 후세에 남길 수 있다는 행복이 더없는 기쁨과 설렘으로 벅차오릅니다.

한때는 시 창작이 버거워서 괴로워할 때 많은 관심과 사랑으로 용기와 힘을 주시고 좌절할 때 칭찬을 아끼지 않고 다시 오뚝이처럼 일으켜 주신 선후배 문우님과 지인님께 진심으로 고개를 숙여 감사드립니다.

먼 하늘나라에 계신 부모님에게는 그리움만 쌓이지만 이제나마 한 권의 작은 꿈이 담긴 소식을 보낼 수 있다는 것만으로도 마냥 행복합니다. 또한 옆에서 묵묵히 늘 저를 응원해 준 가족과 든든한 우리 오 공주 자매들에게도 고맙고 사랑한다고 말하고 싶습니다.

아울러 그간의 자료들을 언어로 엮어 세상 밖으로 인도하시고 수고해주신 문학세계 출판부/도서출판 천우 관계자 여러분께도 감사드립니다.

2019년 가을에

**수선 문 정 숙**

문정숙 시인의 첫 시집『여명의 빛 하늘에』는 세월의 물굽이를 뒤돌아보며 회상의 오솔길을 유유히 걸어가는 보헤미안의 석양을 연상시키듯 시적화자의 작품세계는 단아하면서도 아름다운 슬픔이 물안개처럼 시편마다 스며들고 있었다. 그만의 고혹적인 언어의 실루엣은 어둠을 말끔하게 걷어내는 승화된 사랑의 엘레지였다.

특히 어버이에 대한 지고지순한 사부곡은 애간장이 시리도록 성긴 가슴을 툭툭 건드렸다. 첫 시집임에도 이미 터질 듯한 연모의 정은 활활 불타오를 만큼 아버지에 대한 청산유수 같은 탁월한 감성은 흐르는 강물처럼 자연스럽게 영혼의 울림을 노래하는 회심곡이 아닌가 싶다. 시인의 아버지는 잠시 잊고 살아왔던 생자필멸 회자정리의 진리를 다시 일깨워주신 애틋한 자식 사랑은 심금을 울리는 대목들이 화자로 하여금 여명의 빛으로 인도하는 진리의 등불 같은 존재로 부각시켜준다.

시인의 작품을 깊게 들어가 보면 진솔하면서도 쓸쓸한 삶의 흔적들이 모래알처럼 애잔하게 묻어나고 있어 꽃물 들이는 시로 승화되지 않을 수 없을 것이다. 초로의 연륜을 맞이한 시인의 가슴은 아직도 여고생 같은 여리고 순백한 꽃가슴을 간직하고 있지 않았나 하는 생각이 시편마다 젖어 들고 있으니 말이다. 혹독한 겨울은 따스한 봄날이 언제나 그 자리에서 기다리고 있기 때문에 모진 한파가 기승을 부려도 꽃피고 새가 노래하는 천국 같은 계절을 떠올리며 묵묵히 이 순간을 기둘려왔을지도 모른다.

『여명의 빛 하늘에』 시집은 오랜 세월 뿌려놓았던 추억의 편린들을 하나둘씩 모아서 언어의 귀한 꽃으로 탄생시킨 주옥같은 문정숙 시인의 무릉도원이자 사시사철 온 마음 심어두었던 그만의 오아시스 같은 영토라고 생각한다. 초심을 잃지 않고 낮은 자세로 겸손의 미덕을 교훈으로 살아가는 영과 육이 은혜 충만한 시인의 인생 예찬이 고스란히 배여 있는 시세계가 만인들에게 꿈과 희망 감성의 듬뿍 안겨주는 최상의 선물이 될 것일 것이다. 가을 햇살이 시인의 밀창가에 모여드는 시절 좋은 계절을 맞이하여 고독한 절창이 아니라 하늘의 빛 여명의 하늘 아래서 시가 있는 풍경 속에서 이 한 권의 시집이 모든 이에게 아련한 그리움의 길이 되어 사랑과 그리움이 익어가는 초원의 빛이 되기 바라며 명품시집 상재를 진심으로 축하한다.

**김천우**(시인 · 평론가 · (사)세계문인협회 이사장)

시인 문정숙은 다산 정약용과 김영랑 시인이 문학의 꽃을 피워온 고장. 전남 강진에서 태어나 산과 바닷가 하늘을 보며 구름이 고운 저 하늘 밭 · 구름을 나보다 더 사랑하는 사람이 있으면 나오라 하는 시인이 있어 이 지면을 손으로 받기로 했다.

공허 속에 지구가 탄생하듯이 자연이 아름다우면 마음도 곱고 마음이 고우면 사랑이 짙어 꽃잎처럼 던져 주고 싶은 말이 있다.

헤르만 헤세는 구름을 찾아 고향을 버리고 이국으로 떠난 사람이다. 그는 말했다. "이 세상에서 구름을 나보다 더 사랑하는 사람이 있거든 나와 보라"고 했다. 그래서 그의 시는 아름답고 그의 그림은 눈물 같으며 「유리알 유희」라는 노벨상을 받은 소설은 크게 빛나는 명작이 된 것처럼….

문정숙 시인은 타고난 시심을 가지고 태어나 월간 『문학세계』를 통해 등단한 시인으로 그의 첫 시집의 제목을 『여명의 빛 하늘에』로 했다.

> 당신이 그리워서 그 품에 안겨보고 싶어서
> 우화가 된 네모난 상자 속에
> 검은 안경테가 희미하게 아른거리는 얼굴
> 짙은 그리움의 세월 모래성처럼 쌓이고
>
> —「여명의 빛 하늘에 1」 일부

이 작품은 5연 12행으로 문정숙 시인은 눈에 넣어도 아프지 않을 딸 부잣집 셋째 공주로 부모님의 사랑을 듬뿍 받고 자라면서 효녀 심청이처럼 애련한 부모애를 그리는 시집의 제목이 구체화된 것을 말하려고 했다.

또한 그림 같은 시의 구절을 더 뽑아 보았다.

꽃은 피어날 때
소리가 없고

사람은 태어날 때
울음을 토한다

… (중략) …

우리네 사람은
태어나면서부터
살아가야 할 이유를

나이의 연륜만큼
터득하고 있다

—「꽃과 사람」 일부

위와 같이 문정숙 시인. 이미지의 꿈을 보라. 시는 흘러간 추억이 아니다. 그리고 돌아올 수 없는 공상의 강물도 아니다. 다만 지금이면서 영원한 이미지인 것이다.

헤세 어머니의 꿈이 시에 이런 말이 꿈꾸고 있습니다. "오~ 어머님은 벌써 내 발소리를 들으셨습니다." 처럼 이미지의 강물은 영원한 시이니 이 시집을 손에 드는 독자는 꿈속의 연인을 만나듯이 기뻐하리라.

2019년 가을

**김용비 시인**

제1부

# 초승달에 그려진 어머니

제2부

# 마음에 새긴 십자가

제3부

# 천사대교에서

제4부

## 세월은 가도 끝없이

제5부

## 색으로 눈빛을 감아 오는 계절

제1부

# 초승달에 그려진 어머니

# 여명의 빛 하늘에 1

당신이 그리워서 그 품에 안겨보고 싶어서
우화가 된 네모 난 상자 속에
검은 안경테가 희미하게 아른거리는 얼굴
짙은 그리움의 세월 모래성처럼 쌓이고

그리울 때마다 불러보는 아버지 사랑합니다
수선화같이 고았던 셋째 딸은 칠순이 넘어
당신의 사랑 앞에 예림(藝林)* 길
꽃잎 휘날리며 예쁘게 걸어갑니다

어릴 적 안아줄 때 몇 마디의 말씀
파란 잉크 한 방울
리트머스* 종이처럼 번져가는 시어의 울림이 되어
비둘기처럼 푸른 세상
드높고 아름답게 시나브로 그려보네요

굽어지는 나뭇가지 비바람에 흔들어질수록
뿌리는 더욱 굳어진다는 거룩한 교훈을
지금도 가슴에 담고 마음의 빗장을 활짝 열어
보배롭고 가치 있는 초로(初老)의 삶 펼쳐갑니다

하늘이 바위가 되고
넓은 바다 빛 고요한 여명을 일깨워 주네요

지금에야 뼈마디가 사무치도록
하늘 계신 당신이 바라던 그 행복 차곡차곡 뒤따르는
지금은 세상에서 가장 행복한 시인이 되어
티 없이 황홀한 꽃 가슴으로 살고 있어요

참된 언어는 진리요 생명이라는
청결한 울림 되어
지독한 열병으로 가슴앓이하던 딸입니다

붉은 꽃잎 하염없이 떨어질 듯 청아한 부름은
차마 꺼내지 못한 빛바랜 생각들을
얽히고설킨 실타래 풀어가듯
머언~ 세상 밖으로 훌훌
당신 앞에 성토합니다

보고 싶고 보고 싶은
내~ 아버지! 꿈속에서라도 만나고 싶은
사랑했던 당신입니다
지금은 손 닿을 수 없는
하늘 저~ 멀리 허공을 향해

이 세상 마지막 그날까지 끝없이 부르고 싶은 당신
아름답고 쓸쓸한 시간 여행지에서 부르다가 쓰러져 눈물 범벅되어
그 그리움의 강가에 흘려서 아버지란 이름 앞에
목 놓아 통곡하는 이 심정 당신을 향한 헌시로 올립니다

내 인생의 버팀목이었던 아버지!
말없이 묵묵히 지켜보시며 용기를 주셨던 당신의 소원대로
꽃 같은 시인이 되어
봄, 여름 가을 겨울 당신이 그리울 때마다 시를 씁니다
언제 어디서나 마음 한 켠에 새록새록 떠오르는
내 그리운 아버지 당신

오늘도 따사한 봄날에
당신을 향한 사부곡을 기리며
내 영혼의 송가이자 그리움의 별곡으로 곱게 엮은
이 한 권의 시집을 엮어 당신께 바칩니다

당신을 닮은 이쁜 딸, 답게 순결하고 고운
수선화처럼 맑고 향기롭게 피어나렵니다
세월이 흘러갈수록 사무치게 그리운 아버님
당신이 남기고 간 발자취들 그 영혼까지도 존경하고 사랑합니다

오늘따라 더욱더 눈물이 나도록 그리울 때
하늘을 우러르며 외쳐보지만
지금은 뵐 수 없는 아버지가 한없이 그립습니다.

*예림(藝林) : 예술가들의 사회 동아리.
*리트머스 : 네덜란드에서 서식하는 몇 가지 지의류로부터 얻는 유기 화합물의 혼합물.

# 여명의 빛 하늘에 2

산야에 찬 서리가 젖어 드는
길섶을 따라가다 보면 자줏빛 국화
옹기종기 모여 앉은 꽃망울들
향미를 품은 미소 서로 마주 보며

자비롭고 인자한 어버이 사랑
한 송이 들국화로 소리 없이
모여드는 피안의 나루터에서
언제나 사무치게 그리움은
눈물이 빗물 되어
하염없이 쏟아져 내린다

일생을 자식 사랑
충효 예지 덕으로
겸손과 성실함을 교훈 삼아
한평생 청렴하고 꿋꿋하게 살아오신 당신
나이가 들수록 왜 이리도
새록새록 보고 싶은지요

이 자식은 불효녀 된 마음
목 놓아 통곡을 합니다
철없던 그 시절 당신을

섬기지 못해 안타깝고
미안한 마음은 설음과 눈물의 바다입니다

어버이날이 가까워오면
먹먹한 가슴 구름처럼 떠밀려 오네요
세월이 흐르고 흘러 더욱더 그리움의 강물이 될 줄
예전에는 미처 몰랐습니다
긴~ 한숨 몰아쉬며 언제나 자식 걱정하시던
아버지 내 사랑하는 아버지의 깊으신 사랑
주름진 모습 고생하신 무상의 흔적들
바람만 불어도 행여나
아버지 발자국 소리가 들릴까
귀를 기울이며 보고픔에 목메여 불러 봅니다

당신은 언제나 낮에는 밝게 떠오르는 태양
밤이면 밤하늘에 불을 밝히며
하나둘 수놓아 가듯 별빛으로
당신을 마주하면서 그림을 그려봅니다

천상의 무지개다리 건너서
구만리길 맨발로 달려가

오로지 당신만을 위한
거룩한 사랑의 면류관을 안겨드리고 싶습니다

못난 여식 무릎 꿇고
아버지 영전에 엎드려 비옵니다
존경하는 당신
고맙습니다. 그리고 사랑합니다.

# 봄날을 그리며

진한 커피 향
창밖을 하염없이 바라보니
솔베이지의 노래가 들려오며
하늘가에 꿈처럼 꽃비가 내린다

첫날밤 맞이하는 신부 같은
간절한 설렘임
하얀 불나방의 기다림 이련가

춥고 얼었던 몸 녹여
방긋방긋 눈망울 터트린
봄의 전령사 복수초

따사한 봄빛 기운에
가느다란 어린 연둣빛 치마
몸단장하니
노란 꽃물 젖어 드는
우아한 자태 아름다워라

겨우내 움츠렸던 마음
봄날의 여정 다시 그리며
행복한 희망의 속삭임

봄날의 여정 다시 그리며
길고도 먼~ 꽃길 터널로
여행을 떠나고 싶어라

# 초승달에 그려진 어머니

초승달처럼 예쁜 송편
어머니의 정성스러운 손길
다시 볼 수 있을까
하얀 문지방에 비친 그림자
그리움은
마음속 깊이 파고드네요

휘영청 둥근달 얼굴 내미는
어머니 섬섬옥수
홍치마 색동저고리
곱게 다리미질하여 입혀주고
꽃고무신 신겨주신
그 사랑의 은혜
내리사랑보다 더 깊은 샘물입니다

벼알이 바람결에 스치는데
풍년의 기쁨 알리는 풍악 소리
상모 초리 허공에 휘돌고
굿판 장구와 북소리 울려 퍼질 때
어머니와 함께할 수 없는
설움에 망울진 꽃술이 안타깝습니다

어머님
꿈속에서라도 보고 싶어요
한가위 앞세워 지워지지 않은 그리움
어느새 성큼 다가오는데
구름 위에 앉은 어머니의 미소가
환하게 웃으며 초승달에 그려집니다

## 영산강 물결 따라

긴~ 여운의 시간
정말 오랜만에
너를 찾는다

물결 소리마다
처음 널 보았던 느낌
그대로 너를 안는다

은빛 노을 가득 담은 영산강
가슴 숨죽여 우는 울음소리
떠내려가는 황포돛대 애처롭구나

포구 주변
처연한 갈대피리 소리
은발의 수많은 가냘픈 여인들
백발 머리카락 풀어 헤치며
한을 품어낸다

피 멍든 추억 쏟아내며
앙암바위 높은 절벽엔
아랑사와 아비사의 애틋한 사랑
슬픈 연가 구슬프게 울려 퍼진다

뼈~ 속까지
가슴에 아려 오는 아픔은
목사골 애절한 이야기 간직한 채
흘려보내야만 했던 영산강

긴~ 기다림 끝에
오늘도 저물어 가는 노을 보며
옛 역사의 흐름 속에
난 너로부터 또 하나 배워간다

# 우렁각시

레드 와인에 취한
석양빛 아래 투영된 그림자
신생의 용트림을 움켜쥐고
인고의 고통을 감내하며
설렘 안에서 얻은 예쁜 딸

어느새 자라서 어미 품 떠나
시조새같이 둥지 찾아 떠나갔구나

장대비 쏟아지던 토요일
동백처럼 붉은 가슴 물들어가는
어미 버선코에 시리도록 예쁜 꽃신 한 켤레
하늘비 꽃비 맞으며 어미 품 찾아왔네
넌 동화 속 우렁각시련가?

늘 부모 생각 하루 이틀 사흘….
사시사철 초롱초롱 쫑알쫑알
전해주는 예쁜 내 새끼
전복 낙지 문어 한 아름 머리통보다 큰 수박
냉동고 가득 채워두고
함박 웃는 모습 사랑스럽다

지고지순한 효심 물방울무늬 원피스
너를 닮아서 이리도 빛날까
곱게 차려입고 천년만년 소공녀 되어
시~예술처럼 아름답게 살라고

속 깊은 우렁각시 내 딸
노란 쪽지 한 장 딸랑 남기고
뭉게구름 꽃바람처럼 다녀갔네

# 새벽 종소리

동녘 하늘에 어둠이 채 가시지 않은
새벽녘 예배당 종소리

고요한 침묵을 깨뜨리고
하늘 멀리 울려 퍼지면서
현실과 미래의 오묘한 선을 연결하여
맑고 푸른 우레가 된다

세상 풍파에 젖어 드는 의식을 깨우치고
무아의 안개 속 서성거리는
이방인의 사람들을 불러 모아
다정하고 풍요로운 선율로
하늘길 인도하네

그윽한 향기마다
허공의 메아리가 되어
멀고 먼 길, 다시 돌아오며

눅눅하고 어두운 귀
잔잔한 여운을 일깨워 준
부드러운 사랑의 손길

다시 새로운 세상의 빛
어느 하늘 아래 곱게
널리 울려 퍼질까
하늘의 천사 날갯짓 따라
발걸음을 인도하는 새벽 종소리

# 이팝꽃 머무는 골목

햇살 가득
온 누리에 젖어 드는
고요한 마을 골목

은은한 향기 풍기는
이팝나무 나란히
줄지어 서 있다

바라만 보아도
영원 속 곱게 물들었던
푸른 잎사귀 청아롭구나

오고가는 길손의 행렬
못다 한 정담이
송이송이 품어준다

설은 그 꽃잎들
작별하는 봄날
이제는 안녕

진초록 따라 길 떠나는
나그네 시름
그늘막 되어

어느새
풋풋한 여울목에
그리움 하나, 둘 익어가고 있다

## 자화상
### — 나의 꽃 수선화

내 마음의 수선화여
초록 치마 긴 허리에
미소 띤 노란 얼굴

화려하지 않은 자태
상큼하고 고결하구나
슬픈 전설 담은 꽃
자기 사랑에 목숨 잃고

아름다운 꽃으로 승화되어
봄을 기다리는 내게 꿈 가져다준
사월의 꽃이여

화창한 봄날
정화되어 피어난 꽃

엄동설한 슬기롭게 인내한
곱고 고운 꽃잎 속에
너의 강한 자존심 엿보이고

꽃잎이 질 때면
아쉬움과 애절함이 넘쳐
뿌리 내려 생명을 완성하는
신비한 꽃이여

# 그리움 하나 접으며

침묵의 책장 한구석에서
먼지 같이 잘 띄지 않아
말없이 꼭꼭 숨은 듯 기다리며
언젠가는 한 번쯤 찾아 주겠지
세월의 흔적 뿌려놓은 그리움

빛바랜 가족사진 한 장
지난날 주마등 스쳐 가듯
별빛같이 반짝이는 얼굴
눈시울 사랑의 결실이었네

따사로운 정
부딪치며 살아온 지난 세월
은하수처럼 헤어진 소중한 가족들
그리움에 가슴 묻고 불러봅니다

새벽 기도드리며
영혼의 말씀 찬양으로 새기고
아름다운 꽃길 걷자던 약속
늘 기도하는 마음으로
그리움 하나씩 접어봅니다

# 하얀 찔레꽃

보일 듯 말 듯 보이지 않는
그 소박하고 은은한 그리움
하얀 눈물 모여 향기 된
마음에 심어준 하얀 찔레꽃이여

애틋한 그리움 안고
서방님 전선에 떠나보낸
새색시 옷고름 흠뻑 젖은 눈물
순박하고 가슴 시린 하얀 찔레꽃이여

간절한 소망 다 뿌리치고
애절한 그리움 남긴 채
먼 길 재촉하듯 떠나간 그대
고향 그리워 슬피 우는 하얀 찔레꽃이여

빨간 열매 사랑으로 남기고
산기슭 비탈에 그윽한 향기 풍기며
행여 누가 꺾을까 봐 가시 돋은 야생화
바람 따라 슬픔 밀려와도 자리 지키는
나의 친구 하얀 찔레꽃이여!

# 피어나는 꽃

참 아름답다
고혹의 눈동자처럼
깊은 감동 주는 당신을 바라보면
살아 있다는 것 마냥 즐겁고 기쁘다

하나, 예쁜 꽃빛들
나날이 변해가며
시들어 떨어지는 꽃잎
못내 아쉬움 머물듯 가슴이 아프다

소나기에 바르르 떨며
절규하며 떨어지는 꽃잎
더욱 애처로워 시린 가슴 달랜다

태어날 때 귀엽고 사랑스러운
너의 눈동자 바라보며
천사 같은 미소에 행복 넘친다

세월의 흐름에 변해가는 내 모습
은발 머리 주름진 얼굴을 보니
허탈감에 가슴이 아리다

마음속 공허함
거울에 비친 내 모습 보니
더욱 서러워 눈물 흘린다

# 봄꽃 하늘길에
## — 어머님 가시는 길

봄 재촉하는 비
깊은 내면의 상처 떠오르니
하얀 목련 활짝 필 때
어머니는 다시 못 올 먼 길 떠나셨다

목 놓아 울어
이 아픔 떨쳐낼 수 있다면
백의의 천사도 말릴 수 있었을까요
꿈속에서도 어머니 품에 안기고 싶어라

하느님이 주신 고귀한 사랑
어머니의 그윽한 향기
가슴 가득한 그리움에
딸자식은 소리쳐 울었습니다

하늘로 가는 밝은 길에
늘 찬송하시던 어머니
눈물 거두시고 봄꽃 하늘길에서
항상 지켜봐 주세요
보고 싶습니다. 어머니~

# 꽃샘추위

대지가 살얼음 녹듯 따사한 봄
어느 날
하얀 매화꽃 핀 뜰 안채
어느새 봄바람이 시샘을 내며
흰 떡가루를 뿌리네

어린 새싹 다투어 고개 내밀 때
오늘도
모진 바람 눈보라 속에서도
아름다운 자태 드러내며
수줍게 얼굴 내민 꽃망울

멀다고 보내야 하는
하루가
그리움 품에 안고
다시 찾아온다는 여운 남기며

기약 없이 흩날리는
하얀 꽃잎 아쉬움에
눈물로 다시 찾을 봄날 기다리며
저만치 사라져 가네

# 강남제비

작년에 떠난 제비
허물어진 둥지 찾아
새봄맞이
행복 선물 안고 오는구나

촌락의 굴뚝에 흰 연기 피어오르고
처마 밑 진흙으로 새 둥지 튼 곳
노랑 주둥이 새끼 기르는 모정
상상만으로 마음 설레며 행복하다

해마다 옛집 찾아오는
반가운 봄 손님
인정도 배려도 메마른 세태에
너에게서 모정의 사랑을 배운다

# 꽃이여

늘 푸른 하늘 시샘하듯
백합 같은 얼굴
사파이어 같은 빛이여

세찬 비바람에 견디어 낸
유관순 독립투사 얼굴 같은
겨울 동백 합창하는 내음이여

고통과 기쁨을 남기고
아픔마저 참아 낸 인고의 세월
인동초 닮은 예쁜 이야기꽃이여

인생의 황홀함으로
세상의 모든 자연의 섭리 속에
새날을 밝히는 밀알의 꽃이 되소서

# 강남엽서

봄 길 따라
강남엽서 물고 온 제비
허름한 초가마다 앉고
옛집 들보에 둥지 틀며
아름다운 산천 따라
그리움 안고 찾아왔네

아침 짓는 시골 굴뚝
뿜어낸 연기 내음 맡으며
진흙 물어 보금자리 마련하고
지지배배 쉼 없이 노래 부르니
비에 젖은 마른 진흙 향기롭구나

첫 만남의 설렘은
언약의 집을 짓게 되었고
해마다 고향 옛집을 찾아오는 지혜
인간 세상은 영리만 좇아 헤매는 데
너로 하여금 많은 깨달음 느끼고
올봄도 너의 예쁜 엽서 기다린다

늙은 농부가 일터에서 돌아오면
한 가족 지붕 아래 행복감을 주듯
지친 몸 피로감 풀어 주는 너
매년 잊지 않고 찾아오는
너의 고마움에 찬사를 보낸다
빨리 오렴 강남제비야

# 사랑의 꽃다발

초록 무르익어가니
풀 내음 물씬한 오월
포근함 나누는 여신이 되고 싶어요

빨간 카네이션
한 다발 곱게 묶어
존경하는 그대에게 드려요

붉게 타는 듯 핀 장미
한 다발 곱게 묶어
가장 사랑하는 그대에게 드려요

싱그러운 향기 풍긴 라일락
한 다발 곱게 묶어
외로운 모든 사람에게 드려요

언제나
오월의 여신이 되어
화려한 꽃다발에
사랑 행복 기쁨 엮어서
모든 이에게 안겨주고 싶어요

# 깊은 만남의 교제

실버들의 눈빛과 환한 웃음소리
서로 호흡을 맞춰야 하고
함께 나누는 삶 속에 믿고 의지한
한 덩어리로 얼굴 마주한 온가람동아리 가족

진정 우리들의 글은
공동체가 주고 받는 공생
순리의 기적 같은 영겁의 인연
나만이 필요한 알맹이 찾아 마주 본다

우리들의 손끝에서
아름다운 서정 담긴 글 모아
보는 것보다 새로운 값지고 행복한 시간
설레는 마음 열어 정감 나눈다

두려움보다 기쁨이 넘치는 시간
오늘도 기다려지는 금요일
깊은 만남의 교제
태양이 뜨는 하늘 아래
함께 걸어갈 수 있어 더욱 행복하여라

# 봄을 기다리며

창밖으로 아롱지는 겨울 들판
뽀얀 안개에 젖어
평온한 고향의 행복감에 젖는다

매서운 추위에 쉬어가는 길목
농부의 사랑방 그려지고
산기슭 마을 굴뚝엔
저녁 짓는 연기 속 아낙네의 그림자

논두렁 짚불 피우는 머슴아들
마구간 송아지 울어대는 소리
철철철 시냇물 맑은 물소리
봄을 기다리는 자연의 합창이련가

쪽빛 하늘 얼굴 내민 태양은
봄바람에 얼어붙은 농부의 언 가슴 녹이는
따스한 위로의 노래련가
서둘러 분주해진 기다림에
달려오는 봄의 전령사 맞으리라

제2부

# 마음에 새긴 십자가

# 눈물 꽃

하얀 천사가 빗질을 하고 간
산기슭 오솔길 따라 걸을 때
가슴 속 깊이 파고드는 슬픔
하얀 꽃잎처럼 낙화하고
운무가 흐르듯 그리움은 쌓이는데

풀꽃에 맺힌 영롱한 윤슬로
무지개가 피었다가 사라지고
개천에 흐르는 물소리
월광곡 음률처럼 귓전에 맴돈다

묵묵히 물안개 속 거닐며
아름다운 풍광에 도취되어
나뭇잎 갈 곳 잃은 종이학 띄우고
눈물 꽃 추억 하나씩 사라지는데

빈 곳에 홀로 서서
화살처럼 빠른 세월 앞에
지우지 못한 애틋한 사랑 가슴에 안고
구름 위로 날아가고 싶다
그대 이름은 물안개 눈물 꽃인 것을

# 봄비 오는 날에

긴 겨울을 보내기 아쉬워서
봄을 재촉하는 비는 내리는데
내 마음 깊은 상처 남기고
하얀 목련 활짝 필 때
봄비 맞으며 떠나시었네

어머니 목 놓아 울어
이 아픔 떨쳐 낼 수 있다면
백의의 천사도
그 길을 막지 못했어요
꿈속 한 번이라도 꼭 안겨봤으면

따스한 가슴속
하느님이 주신 고귀한 사랑
내 어머니의 그윽한 향기
맴도는 보고픔에
소리쳐 울고 말았어요

하늘가는 밝은 길
늘 찬송가 부르시던 어머니
그리 서러워 눈물 흘리시나요
이제 슬픈 눈물 거두시고
화사한 봄꽃 하늘길에서
영원히 내 곁에 머물러 주세요
그립고 보고 싶어요

# 숲길 거닐며

대지 위로 차오른
태양빛 받아
진초록 숲길 거닐어 본다

사금파리처럼 아스라한
추억의 여울목
가지마다 대롱대롱 걸려있으며

아주 가끔은
밤 별들 이야기를 한데 모아 산새들과 노닐며
마음속 시름 한 조각
바람결에 실려 가는 싱그러운 신록의 숲

어디선가
달콤한 아카시아 향기 풍겨
무시로 취하고 싶어라

편백나무 천년의 향기
코끝 스쳐오는 오솔길에서
가만히 눈감고 수채화 그리며
시나브로 흘러가는 세월의 나이테도
하얗게 녹아버린 숲속 신록의 연가여

# 손자 기다림

지난날 추억이 아름다워
하얗게 밝아 오는
창밖 먼 곳 바라본다

정 듬뿍 앓고 내 품속으로
할머니 부르며 달려 올 것 같은
사랑스런 손자 그려본다

자주 시계를 들여다보며
손자 녀석 얼굴 그렸다 지웠다
얼마이련가
귀여운 마음 그리움에 젖어
뽀얀 안개 속에서 너희들 생각한다

빨리 좀 왔으면 좋으련만
식탁 위 할머니 사랑 가득 찬
좋아하는 음식 차려놓고

어디쯤 오고 있을까
키는 얼마나 자랐을까
얼굴 모습은 어떻게 변했을까

문밖 서성이며
환한 웃음으로 올 손자 기다리는
할머니 마음!

# 들풀이 되어

아침 태양빛에 눈 뜨고
영롱한 이슬에 얼굴 씻으며
바람 소리에 합창하니

고운 님 찾아 길 떠났다가
바랭이풀에 넘어졌네

실오라기 같은 사랑 나누며
아픔 견딘 이 흔들림

초승달 그림자에 춤추며
별빛은 은하수에 속삭이니
밤 벌레들 자장가 소리에 잠들었는가

귤빛부전나비에 물려서
가느다란 푸른 잎새 하나
안타까운 들풀의 눈물인 것을!

# 마음의 옹달샘

내 마음엔
옹달샘만 한 깊은 샘이 있다

두레박으로 마구 퍼내고
또 퍼내도 퍼낼 만큼 깊어지며
부으면 부은 만큼 채워지는 샘

잠깐 쉬어 멈추게 되면
이끼도 샘물도 숨이 막힌 터
샘물이 마르지 않은 그 날까지

내 마음이 깊은 샘
멈추지 않고
계속 흐르고 솟았으면!

# 오월의 장미

화사하고 고혹적인 꽃
아름답고 우아한 자태
여백의 숲길 장식하려나
여기저기 붉게 타오른
장밋빛 사랑 넝쿨 타고 피어나네

드레스 입고 레드카펫의 주인공처럼
무도회 모습 내민 당신은
오월의 사랑 전달하는 정열의 여신 되어
예쁜 사랑 한 묶음 품어 안겨주네

하나하나 꽃잎 날리며
짙은 그리움으로 색칠한
오월의 붉은 장미처럼
가슴 시린 아픔과 열정 사랑도
나만이 엿볼 수 있는 그리운 얼굴들

이제 함박웃음 안고
오월의 수려한 향기 풍기며
싱그러운 바람 타고 품속 찾아오네

# 오월 편지

분노의 함성 품어내는 역사의 분수대 앞에서
서럽도록 울었습니다

마음속 깊이 젖어 드는
쓰라린 아픔 뒤에 숭고한
참뜻에 가리어진 흑역사 앞에 조국애를 외치다
죽음으로 불사르신 임이여, 임이시여!

뜨겁게 민주화 부르짖다 피비린내 나는 아우성
놀란 선홍빛 장미꽃물처럼 진하게 물들었습니다

얼룩진 현대사 현장에도 굴하지 않고
불꽃 튀는 항쟁의 전투 속에서
하나의 불씨 촛불 되어 위대한 향초 피우니
보배로운 조국 사랑 앞에 한없이 목 놓아 울었습니다

가냘픈 숨결 소리
싸늘하게 묻어나는 애타는 가슴마다
그리움 한 자락 쓸어안고
삼베옷 입혀 보내지 못한 어미의 심정
뼛속 깊이 더 깊이 파고들어요

부용화 꽃 하늘 바람 타고 소리 없이 휘날리며
사랑의 계절 오월은 빛나는데
물 안갯속으로 스멀스멀 비구름 위
떠오른 얼굴 얼굴들
빛고을의 꿈이어라

임을 향한 행진곡 삼천리 방방곡곡 울려 퍼지며
민주화의 평화동산에 하늘 편지 꽃잎에 띄워
기도하는 이 한사람 애상의 노래 들어주소서!

## 소나기 태양

뜨거운 태양
먹구름 속으로 얼굴 숨기고
한바탕
쏟아지는 소나기

풀잎들 놀라
발을 동동 굴리며
성난 소나기 쳐다보고
떨고 있는데

뭉게구름 사이로
얼굴 내민
방긋 웃는 햇님
신록들 아름답게 몸단장했네

나뭇잎 싱그럽게 짙어가고
하늘은 더욱 높아 보이는데
한여름 무더위는
내 앞에 가까이 다가온다

# 밤하늘 사색

높고 높은 밤하늘
보석같이 빛난 별
그 아래 당신과 그림자 포개어

한 겹, 두 겹 이룰 때
차마 가질 수 없는
찬란한 별 수 놓는다

쏟아질 듯 쏟아질 듯
총총한 별 무리

세상의 모든 것 생각하니
겹겹들의 하모니

하나둘 모여들어
사랑이 영글어 가는 길
그 여정처럼
우리네 사랑도 조화롭기를

# 하늘비 내리는 오월

오월 꽃비가 내리네
텅 빈 마음속 깊은 곳
하염없이 하늘비 내린다

풀섶 사이 웅크린 처량한 할미꽃
청보리 바람결에
하늘거리는 싱그러운 오월

삶의 깊은 의미 채워주는 싱그러운 옹달샘
주룩주룩 내리는 빗소리에 도취되어
단비 하늘비에 젖어 든다

메마른 대지 촉촉이 적셔주는 축복의 선물
알알이 생명 품어줄 누에 실처럼
바람길 끝자락에 매달려 있는 연둣빛 뽕잎 같아요

라일락 향기 화사한 미소로 화답하며
아침 햇살 맞이한 수선화 고고한 자태처럼

오월 꽃처럼 곱고 우아한
중년의 모습으로 피어

지상에서 가장 값진 사랑받고
사랑하면서 살고 싶어요

내 멋에 살아온 옛 그림자 살며시 꺼내 보며
광활한 우주를 넘나드는
하늘비 연주 소리에
묵묵히 내 안의 나를 만나는 시간 여행지
봄날의 오월은 익어갑니다

# 해송(海松)

출렁이는 세찬 파도
바위섬 휘감아
하얀 물거품 토해내는 명사십리

바닷가 백사장
희로애락 겪으며
푸르름 안고 묵묵히 서 있네

아름드리 해송 숲
진한 솔향기 풍기고
바다 내음 솔 내음 어울려
희망찬 꿈 펼쳐가네

비바람 땡볕에 시달린
시름 내려놓고 정담 나누는 안식처
어머니 마음 같은 넉넉함
변함없는 고고한 자태 닮고 싶네

찬 이슬방울 무서리에
아픔과 추억 쌓으며
가을 내내 다져진 갑옷 입고
하늘과 별바다 벗 삼아 춤추네

백사장 위 하얀 물결 가르며
신기루처럼 멋진 풍광 그리니
연둣빛 봄 기다리는 위대함이여

# 그리움의 강

개여울 버들강아지
봄바람 타고 한들한들
몸 흔들며 긴~잠 깨어나고

아무도 모르게 살포시
살얼음 녹아내리듯
가슴 가득 꽃물들이네

하얀 옷자락 곱게 여미듯
먼 기다림으로 살며시 다가온
웃음꽃 만개한 봄이 오는가

온 누리 그윽한 향기 풍기며
봄 이야기에 귀 열고
눈망울 터트린
수줍고 보드라운 잎마다
햇살 받으며 맑게 품으리

봄날의 설렘
그리운 고향
아름다운 추억
그리운 사람들

봄바람 따라 길 나서면
그리움의 강 따라
또다시 봄은 오는가

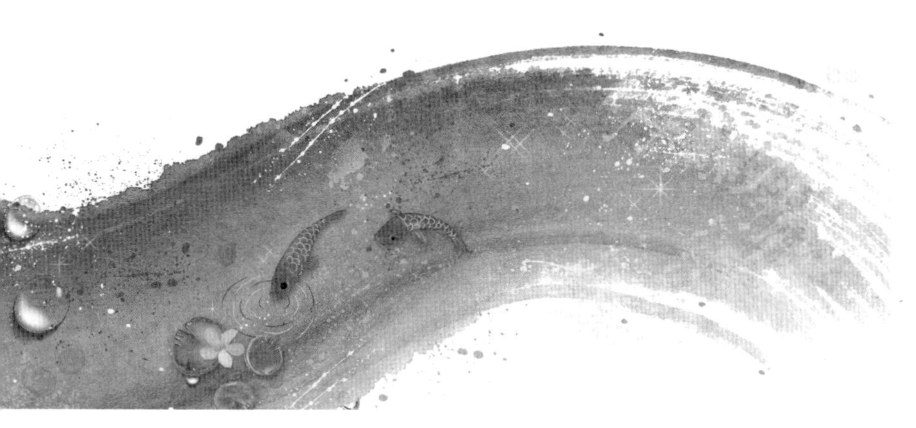

# 마음에 새긴 십자가

새벽 창가에
붉게 빛나는
교회의 십자가를 바라보니

십자가의 고결한 사랑이
단비처럼 흘러내린
마음의 갈등 느낄 수 없는
하얀 마음이면 좋겠다

징글벨 소리 울려 퍼지는 거리에
화려한 네온사인 불빛 받고
축복의 길 거닐 많은 사람들

비단결처럼 곱고 포근함
햇살에 비친 영롱한 이슬방울
행복이 영글어 넘치는
온정 가득한 마음이면 좋겠다

오! 거룩한 보혈의 십자가
구세군의 자선냄비 종소리
향기로운 사랑 온 누리에 퍼지고

"이웃을 네 몸같이 사랑하라"는 말씀
은혜로운 십자가 가슴에 새기며
추운 겨울을 따뜻한 행복으로 나누는
천사가 된 맑은 마음이면 좋겠다

# 빈 포켓(Pocket)

까만 외투 옆에 달린 두 개의 포켓
개구쟁이 시절을 생각나게 한다
돌담을 지나 사탕가게 앞 지날 때
호주머니 어처구니없이 나타나
날 향해 마구 사달란다

몇 번이고 손을 넣어보아도
아무것도 없는 빈 호주머니
공허한 생각에 빠져버린다

찬 손 따스하게 감싸주고
그 속에 필요한 것들 품어준 추억들
돌멩이라도 듬뿍 넣어줄까
아니다 무언가를 채웠으면 참 좋겠다
가질 수 있어 값진 아름다움을
나의 소중한 것들로 채우리

# 소중한 보석
## — 눈망울이 밝은 제자들에게

애들아!
나에게 너희들은
소중한 사랑의 등불이었다

아름다운 세상
무엇과도 바꿀 수 없는
소중한 존재들
몸은 너희들 곁을 떠났지만
마음은 항상 같이였단다

빛나는 눈망울
예쁜 얼굴들
시간이 흐를수록
또렷하게 떠오르는 기억들

항상 내 주변 맴돌고 있어
나에게 가장 값진 보석인 것을

그립고 사랑하는
자랑스러운 보석들아
두고두고 사랑한다
오래오래 빛나거라!

# 삼월이 오면

삼월이 찾아오는 그 길은
희망이 부푼 길
움터 오른 풀잎들 잔치
산들바람 꿈틀거린다

따스한 햇살이 빛나는 길은
떠나보낸 위국충절의
소리 없는 아우성이
내 마음속 큰 별로 떠오르고

하루하루 지난 길은
오솔길 따라 남겨진 발자국
내 마음의 삼월은
뜨거운 조국애 불러일으키게 한다

아픔을 안고 걸어온 길은
대한의 아들딸로 고귀한 투쟁
삼월의 영원한 들풀이여
어찌 우리가 그대들을 잊으리오

고운 님과 함께 거닐던 그 길은
만세 소리 외침과 함성
선홍빛 눈물의 흔적
무궁화꽃으로 승화되어
온 누리에 피어나겠지!

# 소나기에 젖은 연가

땅거미 깊어져 가는 여름밤
성난 소나기 쏟아질 때
눈감으면 보고파지는 얼굴
당신은 소나기에 젖은
한줄기 나팔꽃으로 피어오르고

마음 깊은 곳 소리 없는 흐느낌
외로움은 눈물로 오열하고
그리움 안고 오는 소나기
보고 싶은 생각에 그치기만 기다리는
창문만 내다보는 슬픈 눈동자

이렇게 소나기 내리는 밤이면
소년 소녀의 순수한 사랑 이야기에
가슴 아픈 안타까운 순애보 그리며
수숫단에 사랑 가득 담아본다

이젠 독백이 부서지는 빗물이 되어
초여름 장마에 쏟아지는 당신은
나팔꽃 고독에 떨고 있는데
서러운 가슴 위로 이 밤 요란스럽게
소나기는 그칠 줄 모르네

제3부

# 천사대교에서

# 유월 바람이 분다

산까치 울음소리
귓전에 울릴 때
잊힐 만하면
가슴 아프게 찾아오는
고통의 심장 소리

온몸에 맺힌 아우성
뜨거운 눈빛으로
동그라미 그리며
붉게 타오르니
서글피 들려오는 보리피리 소리

아카시아 향기 변함없이
초가집 담 넘어 미풍 타고 오는데
돌아오지 않는 유월의 용사들
그 몸부림 헛되지 않았다는 웅얼임

고결한 외침에 싹튼 파란 잎
우리 숨결 머무는 그 날까지
높고 푸른 하늘 바라보며
귓전에 훈훈한 평화의 소리
영원히 울려 퍼지리라

# 어미의 바램
— 기도

저녁 노을빛 또 하나
변함없는 시간여행
빛바랜 하루 떠나간다

행여 오늘도
하늘 기적 일어나기 바라며 빌고 비는
어미의 애절한 절규

귀한 자식 앞날 위해
친정집 보내야 하는
쓰라린 심정 어찌할꼬

사십 줄, 넘기고 홀로된 병든 외아들
두 손 꼭 잡고
따뜻한 보살핌 아래 꽃피운
간절한 사랑의 눈빛마저 쓸쓸하더라

자식 향한 지극한
어미 마음 누가 알랴마는
이것이 사랑의 묘약인가

풋보리밭 봄바람에 소리 없이 한들한들
종달새 저 울음소리마저
처연한 어미의 속앓이
아들의 아픔을 어미가 지고 가랴하는가

행여 깃털 하나만큼이라도 회복되기 바라는
어미의 눈물 기도 결코 져버리지 않기를
아! 하늘이시여 부디 보살펴 주소서
가슴 멍든 어미의 간절한 기도를 받아 주소서!

* 뇌졸중으로 쓰러진 아들 위해 지극정성으로 간호하는 지인의 애절한 모습을 보면서.

# 천사대교에서

저마다 사연 있는
아름다운 섬들의 영토
1004개로 널리 펼쳐진
지평선 너머 초록빛 바다

섬과 섬들의 푸른 공간사이로
하늘 천사 날갯짓 춤사위 하는 모습
최고의 절창이 아닌가

섬과 섬 사이를 연결하여
하나의 빈 공간 채워주는
한 폭 그림 같은 풍광 천년의 학처럼
교교한 신안의 명소 천사대교

우렁차게 넘치는 섬들의 노래여!
우리네 정겨운 속삭임
하루의 피로 위로해주는
바다 같은 함박웃음
유채꽃은 햇살에 산들산들
물새들 뱃고동 소리 해원의 이야기 넘나든다

묻을 그리워하는 도민들
오고가는 관광객의 외로움 시린 가슴 달래고
디카로 담아보는 삶의 모습 바라보며
공간과 공간을 연결하는 천사대교 조화로움이여

인간 세상 거대하고 뜨거운 사랑에 취해서
다시 찾는 천사대교에서
마음의 휴식을 담아본다

# 가로등 불빛

회색 도시 어둠을 삼킨 가로등
포근한 안식처로 찾아가도록
발걸음을 재촉하는데
작은 것 소중하게 여긴 마음
당신은 높은 곳에서
희망의 빛을 비추는 가로등이어라

어둠을 가슴에 안고
삶에 지친 몸 이끌고 가는 귀갓길
멀리 불빛 유리창 밖으로
어둠을 밝히는 촛불 빛처럼
당신은 안식처로
안내해 주는 가로등이어라

빛은 막힘이 없는 것
모두의 길잡이 되어주는 파수꾼
높은 곳에서 비바람을 맞으며
세상의 희로애락을 반추해주는
당신은 찬란하게
가슴을 불태우는 가로등이어라

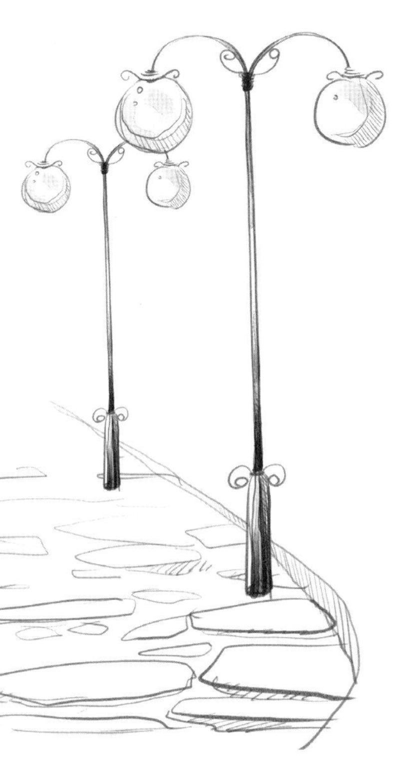

온종일 저녁 오기만 기다린 분꽃처럼
깨끗한 존재로 씻어낸 하얀 마음
당신은 풍진 세상에
영혼의 불꽃인 가로등이어라

# 아버지

당신이 떠나신 허무함이 빈 공간에
공허함으로 밀려와서
당신 앞에 무릎 꿇고 애절하게 불러 봅니다

누구보다도 사랑했던 아버지!
내 곁을 떠나버리셨지만
영원히 부르고 싶고 안기고 싶은 당신
정말로 보고 싶고, 다시 불러보고 싶어요

철부지 소녀를 마냥 귀여워해 주신
내 사랑 아버지 왜 이다지도 그리울까요
소슬바람 스치는 가랑잎 소리에도
이승의 마지막 그날까지 기억하렵니다

세월이 흐를수록 사무치게 그립고 보고파서
당신이 남기고 가신 꽃자리에 내가 살아요
세상에서 가장 소중하고 깊은 그리움의 터전
추억이 묻어 있는 아름다운 이곳에 서 있습니다

무시로 불러보는 당신의 이름 석 자
왠지 목이 메고 알 수 없는 눈물이 나네요
우주보다 더 넓고 큰 당신의 사랑 못 잊어
한 걸음 또 한 걸음 그림자 따라갑니다

## 넓은 창공을 보라
### — 손녀 대입 축하

동트기 전 새벽별 친구삼아
졸음 달래며 고난 극복하더니
끝내 하늘의 별을 찾았구나
아름다운 내 손녀

온종일 축하 전화
친족들 정겨운 목소리
집안 행복 가득 웃음꽃 피우고

너의 미소로 인하여
봄비처럼 촉촉이 적셔 준 사랑
파도처럼 밀려와 가슴에 담는다

이젠, 무거운 짐 내려놓고
깃털처럼 가벼운 몸
구름 위에 앉은 마음으로
세상을 보며
더 큰 꿈 꽃피워라

아가야
가슴 활짝 열어 하늘을 보라
젊은 용기로 더 높이 더 멀리
도전하는 장한 네 모습
무지갯빛 따라 희망 펼쳐보아라
사랑한다 축하한다

# 손잡고 함께 가자

솔솔 불어오는 바람 따라
춤추듯 출렁거린 넓은 황금 들판
그곳은
햇살이 잘 들고 빛이 고와
자꾸 이쪽으로 가자네

가는 허리 한들거리는 코스모스
억새잎 어서 오라고 갈색 손짓하며
가을은
찾아 나선 나그네 불러 모으네

팝콘처럼 피어오른 들국화
묵묵히 바라본 나이 든 밤나무
토실토실한 알밤 터트리며 응원하네

애들아
가족이 있어 행복하다
밝은 내년 기약하며
우리 손잡고 가자
햇님이 환한 미소 지으며 방끗 웃네

# 친구야

쪽빛 하늘에 둥근달 떠오르면
구름처럼 다가오는 애틋한 그리움
계절이 흐르는
찬바람 냉기 느끼며
뜨거운 커피 향에 젖는다. 친구야!

세라복에 웃음꽃 환한
해맑은 얼굴 예쁜 소녀들
흐리고 비 오는 날이면
우산이 되어주자던 너와 나
하얀 목련화 치마폭에
아름다운 꿈을 가득하게 채웠구나

밝은 달 쳐다보니
보고픔~ 그리움~
삶의 기쁨도 시련도
잊지 못한 추억으로 남아
맑은 호수에 비치는 많은 이야기
아름다운 그림으로 간직하자구나 친구야!

# 책 책 북 북 북 콘서트 *

그윽한 선율 타고 흐르는 엄니의 향기
인생의 회전목마 협주곡에
지하철 책 책 북 북 북 콘서트
그대에게 행복을 주는 사람
우렁차게 울려 퍼지는 바리톤 소리

여인은 까만 가운 걸치고 외친다
엄니는 시의 씨앗이어라
이곳저곳 화려한 꽃들마저도
엄니는 시의 씨앗이어라

엄니는 항상 크게만 느껴지는 그림자
붙잡고 싶고 오랫동안 간직하고픈
그리움과 안타까움이 밀려온다

엄니는 항상 크게만 느껴지는 그림자
시의 씨앗은 아버지
시의 씨 받은 엄니 손, 시라고 맘속 쓰린

아픔의 엄니는 시의 씨앗이어라
여인은 오늘도 외친다

*책 책 북 북 북 콘서트 : 이명란 2017년 지하철 책 책 북 북 북 콘서트.

# 할머니 고무신

초가집 툇마루 끝
고무신 두 켤레
들녘에 가실 땐 검정 고무신
울 할머니 오일장 가실 땐
하얀 고무신 신으신다

텃밭에 꾸부러진 허리 동여매고
할머니 입가 정겨운 미소 지으며
분주히 옥수수 따러 가실 때
검은 고무신 신으신다

시골집 댓돌엔 두 켤레
깨끗하게 몸단장하고
나란히 다정하게 놓여있는데
손자 손녀 복주머니 털어 예쁜 꽃신 사 들고
고개 넘어오실 할머니 기다린다

# 당신 있음에

당신이 내 곁에 있음에
마음 다 주어 사랑하며
항상 믿고 의지했어요

당신이 내게 환한 미소 지을 때
감사와 사랑으로 감싸주며
항상 이해와 배려가 있어요

당신이 존경스러워 보일 때
가슴 깊이 설렘으로 사랑하며
그곳에 포근한 보금자리 찾았어요

당신과 함께 사랑을 느낄 때
시적인 사랑 조심스럽게 키워가며
그 속에서 꿈꾸며 행복 느꼈어요

당신과 푸른 초원에서
사랑과 믿음 바탕으로
마르지 않는 옹달샘 되어
당신 있음에 내 삶이 있다는 것을

# 스승의 향기

장미의 계절
바람 타고 다가오는 장미향처럼
선생님은 참사랑의 꽃을 피워주신
고매한 품격을 지니셨습니다

힘겨울 때 의지하고
어려움은 함께 풀며
부족함을 채워주시던 인자한 미소
구름 위에 그려진 스케치북입니다

자신을 내려놓고
온몸을 불사르며 희생하신
정성 다한 삶의 가르침
한마디 한마디 가슴에 남아
스승의 사랑과 지혜로 남았습니다

파란 하늘 구름 사이로
그려지는 선생님의 모습을 뵈오면
스스로 낮아져 고개 숙여지고
제 부끄러운 모습 돌아보며 다짐합니다
선생님처럼 한 송이 사랑의 꽃이 되려 합니다
존경합니다. 감사합니다.

# 모래성 쌓기

파도 소리가 내공을 쌓듯
바닷내음이 물신 풍기는
겨울 바다를 좋아하나보다
너울로 아침 갯바위 잠 깨우고
스르르 밀려왔다 밀려가는 파도 따라
그리움의 추억을 그려본다

하늘도 푸르고 바다도 푸른
아련한 곡선의 해변에서
조개껍질 주워 소꿉놀이하며 모래성 쌓고
서로 얼굴 맞대고 정겨운 정담 나눌 때
시샘하는 성난 파도 모래성 무너뜨린다
순간에 무너져버린 내 허탈함 같이

하얀 포말을 품은 파도가
어쩜 이리도 영롱하고 찬란한가
솜사탕 같은 구름 아래
삶의 염원을 노래하며
아름드리 푸른 해송이 바다를 지키니
우리네 삶도 풍랑을 헤쳐가면
쏟아지는 꿈을 심어놓고 희망을 따라간다

## 바람이 분다

톡톡 터트리는 꽃망울들
초록 세상 청운의 꿈 안고
싱그러운 하늬바람 솔솔 불어온다

풀잎에 이슬 영롱한 아침
벚꽃 세상 봄나들이
어디선가 산새 들새 밀창 노크하듯
향기 담은 바람이 분다

아침햇살 은빛 띄우고
새싹들 유혹에 취하여
춤추며 노래하는 숲속의 무도회장
꽃바람 불어 좋은 날

개울가 늘어진 수양버들
타는 듯한 갈증에 긴 머리 휘날리며
실개천 따라 피어난 너도바람꽃

연둣빛 옥색 치마 갈아입고
하늘하늘 가녀린 허리 휘감으니
하늘 구름 따라 춤추는 나빌레라

지천으로 핀 벚꽃의 세레나데
가볍게 창공을 날으는
천사 같은 너의 모습 끝자락
봄바람이 불어온다

훠이 훠이 훠이~
다시 그 바람이 분다

# 거문도 등대

목 넘어 동백꽃 터널 길목 걸어
수월산과 진수. 월산을 지나
기암절벽 바위들 구멍 숭숭 나 있고
수백 년 파도에 부딪히며
외롭게 홀로서 불 밝히는 등대

칠흑 같은 어둠바다 헤쳐 가는 선장은
불안과 두려움으로 세찬 파도에 떠밀려
밝은 빛을 보고 싶어 하는데
평안한 안식처 인도자 되어준 등대

눈이 부실만큼 푸른 쪽빛바다
에메랄드의 색보다 고운
짙푸른 청정 남해 새하얀 거문도 등대
제 몸 불태워 바다와 하늘까지 빛을 뿌려
보는 이 가슴속 뭉클하고 아름답구나

바위섬 하얀 물거품 토해낸 소리
잠든 야생화 해조류 놀라 선잠 깨우고
너의 고결한 빛은 다소곳한 신부처럼
어둠 밝히는 길잡이 되었구나

사랑과 희생으로
겉과 속이 같은 깊은 사랑 찬란한 불빛은
등대라는 이름만으로 무언의 희망을 주는 너를
오래오래 사랑하지 않을 수 없다

# 달빛에 그려진 여인

휘영청 밝은 달 아래
옥색치마 하얀 모시 적삼에
옥반지 끼고
외씨버선 보일 듯 말듯
살포시 춤추는 나빌레라
거문고 타는 청아한 소리
애절한 절색 명월이 아니던가

뜨겁게 피어난 동백꽃 비련의 여인
선홍빛처럼 타오르는 사랑
무르익어도 열매 맺지 못하고
재잘거린 산새들도 숨죽인
동짓달 기나긴 밤을 임 기다리며
눈물로 지새우는 구슬픈 가야금 소리

가냘픈 여인
달빛에 그려지는 이 밤
꿈길에서 사모하는 임
스승으로 안겨보는 안타까움
자연을 통해 한세상 삶에 대한 애착
지고지순의 사랑으로 살다간 송도삼절

아름다운 정절 비련의 여인
이 시대
어디서 다시 만나볼 수 있을까

# 기도

하늘이 열리고
바다가 잔잔한 여운을 남긴
여기
한 소녀가 두 손 모아 기도드립니다
내 눈물을 열어 영광을 보게 하소서

바람이 머릿결을 스치고
광야에 햇살이 비추일 때
여기
한 소녀가 무릎 꿇고 기도드립니다
믿음이 약한 저에게 주님 곁에 있게 하소서

주변이 어둠으로 컴컴해지고
전등이 하나하나 켜질 때
여기
한 소녀가 고개 숙여 기도드립니다
하나님의 영광이 떠나지 않게 하소서!

# 초가집

문풍지마다 스며드는
바람 소리에도 얼마나 가슴 조이며
쌓아 올린 아픔이었던가?

오랜 세월 동안 정겨움으로 뿌리내린
우리네 삶의 굴레

오순도순 한데 모여 함박웃음 꽃피우며
어머니 무명지 같은 하얀 젖가슴
따뜻한 곳 영롱한 무지갯빛처럼

한 자락 지극한 그 사랑의 끈 당기며
저녁 노을빛처럼 붉게 익어가는
당신의 품속 그곳에 안기고 싶어라

# 내 며늘아기

하얀 드레스에
별빛 같은 면사포를 쓰고
내게 찾아온 복덩이 선물
뽀얀 피부 단아한 단발머리
청순하고 가냘픈 몸매
또 하나의 예쁜 내 며느리

어미 품 떠나
사랑으로 맺은 성씨 다른 제짝 만나
행복의 보금자리 수놓은 지 이십여 년
알토란 같이 키운 남매 손잡고
설렘 가득한 새벽 기차 타고
부모님 품 찾아 달려왔네

섣달그믐이면
손끝에 정성 가득 담아
맛있는 음식 온통 집안 풍기며
요리하는 뒷모습 바라보니
어미 삶을 따라오는 너
사랑스런 마음 오롯이 쌓인다

어쩐지 미안한 마음
주저리주저리 이어지고
세월의 흐름을 못내 아쉬워하며
사랑하고 짠한 마음이 밀려온다

냉동고에 넣어 둔 음식도 드세요
천사 같은 너의 마음
떠나는 순간까지 부모님 향한 효심
다정한 모습에 웃음꽃 겹쳐
어미의 마른 가슴 가득 채워지는구나
사랑한다 내 며늘아기야

# 농부의 땀방울

천고마비의 계절
출렁이는 황금 들판
보석보다 눈부시다
폭염 태풍 농부 가슴조이더니
누렇게 익은 것들 정성의 열매이어라

찬란한 가을 햇살
무더기로 쌓인 볏단
바라보는 농부의 설렘
터져 나오는 풍년가 소리
풍요로운 결실에 보람과 행복 넘친다

농부의 소중한 땀
믿음으로 심고 가꾸었으니
바라만 보아도 넉넉하고 포근한 들녘
하늘이 내린 보석 같은 선물

행복한 영혼도 살찌우리라!

제4부

# 세월은 가도 끝없이

# 꿈속의 아버지

청보리밭 바람결에
목이 쉬도록 그리운 언어로
소리쳐 부르며 달려보았으나
떨어지는 꽃잎처럼
눈, 앞에서 떨어진다

그토록 애절한 외침은
부서지는 파도처럼
수평선 저 멀리 사라지고
보고픔과 그리움의 눈물은
더욱 쌓여만 간다

당신을 닮아가고 있는
칠순의 딸은 꿈속에서
멀리서 무언으로 안아주는
아버지 그 사랑의 흔적
마음속 깊이 새기며
또 하나의 그리움으로 남기리라

# 꿈 하나 남기고

고요 속 아련히
달맞이꽃으로 피웠다가
못다 한 사랑의 초상

사월 마파람 따라
분분히 낙화되어 사라진 꽃잎들

주옥같은 영토마다
순결함 전하려 함인가
맨몸으로 찾아와 핀 꽃

모진 비바람 불어와도
언제나 그 자리
미소 띤 모습 그 자태는 어머니 닮은
아름다운 꽃 목련화여

그윽한 향기 풍기며
멈출 수 없는 유혹에 끌려 슬픔의 질곡 견디어 냈구나

무심의 변주곡 화음
고고하고 우아한 자태 순백의 학처럼 핀
그림 같은 꽃이어라

우리네 영혼을 불태워
눈부시게 그리운 세상
온 누리를 하얗게 켜켜이 물들여가네

# 아버지 영전에

골골마다 꽃은 피고 지는데
하늘길 떠난 당신은
어이해 돌아올 줄 모르시나요

당신의 빈자리에
눈물방울 쌓이고 쌓여
설움의 섬이 되었습니다

이젠 자식 위해 등에 진 무거운 짐 내려놓으시고
새털처럼 가벼이
고통 없는 하늘나라에서 마음 편히
꽃길만 걸으시구려

불효한 여식 당신의 가르침 받아
겸손하고 성실하게 살아야 한다는
남겨주신 빛나는 교훈 등대 삼아
이승의 마지막 그날까지
당당하게 살다 가겠습니다

아름다운 삶 꿈꾸며
당신이 그토록 바라는 시인이 되어
감동을 주는 좋은 글 쓰고 또 쓰면서

당신이 그리울 때마다
부지런히 사모의 시 하늘가에 띄우겠습니다

다시 한번 더 목 놓아 불러보고 싶습니다
영원히 사랑합니다

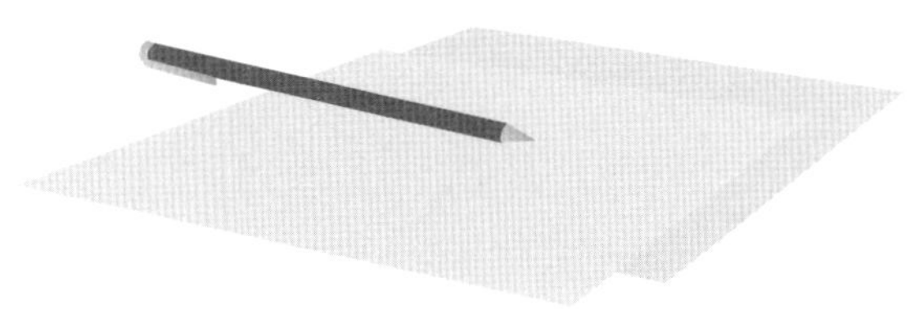

# 텅 빈 정거장

안개처럼 밀려오는
어둠 속 외로운 정거장

서녘 하늘 바라보고 있노라니
쏜살같은 하루가 주마등처럼 스친다

만남의 기쁨 안타까운 이별의 순례길
다가가는 나그네 뒷모습 아득하다

허허롭게 돌아서고
또 연결되는 만남의 고리
묵묵히 한 자락
그리움의 불씨가 될까

비어있는 자리마다 다시 채워주는
하얀 기다림은 차마
견디기조차 힘든 허전함이어라

떠나고 되돌아보는
사연 쓸어안고 주인 없는 텅 빈

대합실 의자만 덩그러니
쓸쓸함만 묻어난다

신기루처럼 점점 멀어져가는 그림자
기약 없는 먼 기다림 채워줄 수 없는 빈 정거장

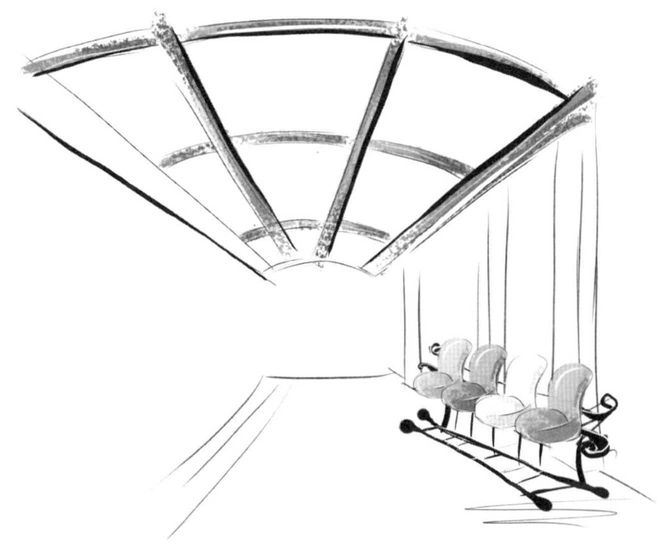

# 둘레길

어느새 여기까지 왔는가?
세찬 비바람 성난 파도
휘몰아치는 눈보라
묵묵히 잘 견디어 돌아온 길

어느새 여기까지 왔는가?
책가방 메고 좋아하며 코흘리개
유년의 개구쟁이가
곱게 잘 자라 꿈 키워 왔던 길

어느새 여기까지 왔는가?
숫총각 숫처녀가 보이지 않는 사랑 키우며
예쁘게 살아 온 길

어느새 여기까지 왔는가?
사랑으로 맺은 열매 곱게 익어가며
결실을 거두는 길

어느새 여기까지 왔는가?
주마등처럼 스치는 나의 고운 삶
시나브로 물들어가는
그리움으로 쌓은 길

어느새 여기까지 왔는가?
오늘도 내일도 모레도 하염없이
철마다 마구 달려가는
우리들의 둘레길

# 짝

야금야금 세월은 녹아
어느덧 주름진 얼굴
사십팔 년 함께한 내 짝
오늘도
함께라서 더욱 행복하다

태양이 내려 쪼인
하늘 아래 그림자 되어
투덜거리며 짜증 날 때
그걸
받아줄 짝이 있어 감사하다

아픔과 시련을
서로 달래며
의지할 수 있는 짝이 있어
한없는 감사와 행복 느끼며

한평생 부부로 맺은 인연
거친 세파 속에서
서로 손잡고 미소 띠우며
영원한 친구 내 짝과 동행하리

# 낡은 운동화

낡은 까만 운동화 신고서
도청 앞 분수대 주변을 휘저어 걸었고
밤에는 금남로 거리도 마구 걸어보았다
낡은 검정 운동화를 자주 신어보는 것은
운동하기에 편하고 걷기에도 편하며
자주 세탁하지 않고 쉽게 신을 수 있어서다

운동화 만지면서
1980년 5월 18일 많은 인파속에
쏟아지는 총소리에 쫓기어 아우성치며
남녀노소 구별 없이 마구 뛰었던 민주화운동처럼
마음 편하게 금남로 대로를 걸어보고 싶다

이제 평화의 기회가 오면
검은 운동화에 잘 어울리는 구색 갖추어
무등산 서석대 올라가 소리치고 싶다
대한민국 민주화의 길은 힘껏 밟아오고 있다고
정말 자유롭고 멋지게 한번 휘젓고 싶다
낡은 까만 운동화 신고서….

# 은가람 외출

반백의 칠 학년 학생들
나라관광 버스 타고
남도 청해진 나들이 가는 날
주름진 얼굴 웃음 가득 담고
눈 부신 태양과 함께 달린다

은가람 물결 따라
강진만 포구 가슴에 품으며
청자골 지나 가우도 흔들다리
저마다 멋진 자태 폰에 남기고
사색의 그림을 하늘에 그린다

철썩철썩 파도에 휩쓸려
몽돌들 해조음 소리 들으며
구계등 둥근돌 얼굴 사이로
사랑초 피어있는 아름다움 속에
문학 소년 소녀 가슴 설렌다

수목원 푸른 숲길 걸으며
아름다운 자연 풍광에 감사하고
마냥 즐거운 은가람 나들이

차창 밖 넓은 들판 그림처럼 펼쳐지고
저녁노을 곱게 물들어 피어오르니
별빛 창가에 비친 은가람 얼굴들
흥겨운 노랫가락 울려 퍼지며
노년의 넉넉한 삶 오래오래 이어갔으면

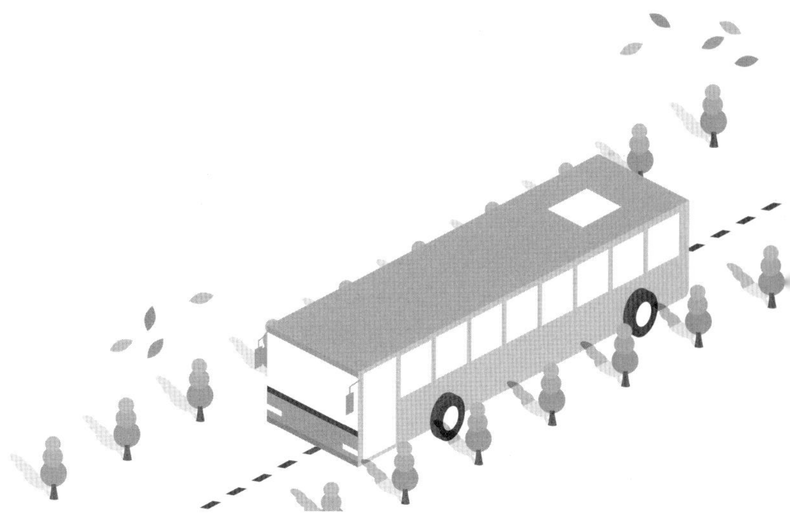

# 추억의 소리

별빛 쏟아지는 새벽 가로수 길
언덕 위 조그만 교회 종소리
가슴에 쌓인 아픔 달래며
꿈꾸는 영혼 터지려는가

어깨동무 부르는 학교 종소리
멀리서 서성거리는 아이들 모아
길 열어주는
신기루 같은 무지갯빛 이련가

사랑 가득 담긴 대문 벨 소리
정겨운 가족 모여 앉아
영글어 가는 행복 안고
따뜻하고 고운 심성이련가

아련히 울려 퍼지는 기적 소리
지나 온 시간 날려 보내며
아름다웠던 그리움 싣고
낭만의 터널 여행 떠나려는가

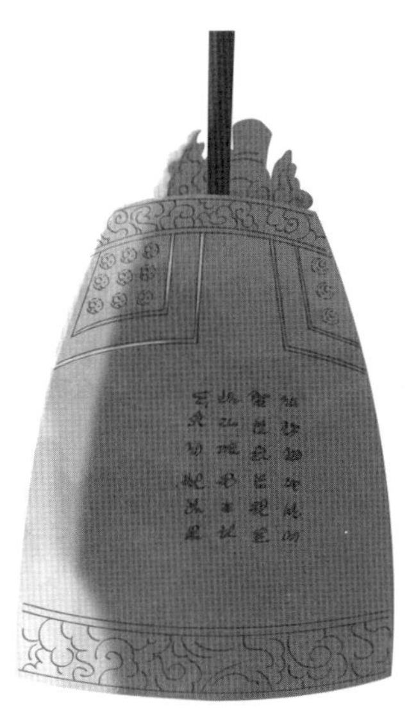

한해 마무리하는 제야의 종소리
안녕이란 인사로
밝고 맑은 삶 기원하며
두 손 모아 희망 기도드리는
찬란한 꿈 이려는가?

# 탄생(誕生)

오랫동안 인고의 아픔을 견디어
하느님 주신 귀한 선물
천사가 눈뜰 때 눈동자가
저렇게 맑고 초롱초롱할까
눈망울 바라보며 행복감 젖는다

고통의 비명 들으며
눈감으면 그려진 아가 모습
가장 큰 선물 우리 아가 태어난 날
마음 다해 감사하다

잠자는 너의 숨소리
마음을 실어 부르고픈 자장가
으앙으앙 울음소리 사랑의 세레나데
탄생을 축하하는 아름다운 협주곡

유리보다 더욱더 유리 같은 깨끗함
순식간 내 감싸준 포근함 지녔으니
내일의 밝은 태양 되기를
소중한 선물아

# 세월은 가도 끝없이

## — 희망이 손짓한다

꿈과 현실이 다르고
희로애락 엇갈린 교차로 만나지만
시간 따라가기는 똑같지 않다
한 장 남은 달력
뒤돌아보며 생각에 잠긴다

지나온 내 삶이 파란만장하니
부모님과 잠깐 눈도장 찍고
부부로 만난 지난 세월
행복했지만 뜨거운 눈물
후회스러운 안타까움도 많다

한 해의 끝자락
소한 대한 지나면 입춘이 오듯
한겨울 지나면 또 봄이 오리니
황혼 깃든 우리네 인생도
보다 나은 내일을 향해 나아간다
미소로 손짓하는 희망의 새해를 맞는다

## 철새가 날아오면

들녘 황금빛 사라질 때
철새가 날아오면
담 넘어 순남이네 집 감나무에
까치밥 하나 외롭게 달린 홍시
고춧가루 뿌린 듯 불타며

마을에 들리던 낙엽송 소리도 멀어져가며
알찬 곡식 두지 가득 채우니
포근한 어머니 가슴처럼
모든 것 품어주는 따사함
행복 넘치는 만추의 가을이구나

누렇게 물든 지평선 위로
처마 끝 겨울 고드름 생각나니
나도 모르게 코트 깃 세우며
오늘도 철새는
무슨 소식 가득 가지고 날아오려나!

# 노을이고 싶다

수평선 붉은 태양
하늘 가득 채워
고깃배 만선으로 돌아오고
저물어가는 하루가
매일 반복되어도
변함없는 평온함인가

우리네 삶도
시간의 흐름처럼 쉼 없이
세월 따라 저물어 가는데
끝나는 것은 저 노을같이
누구에게나 있는 것

황홀하고 아름다운 노을빛
보는 이 마다 감탄을 연발하는데
나의 삶도 그럴 수 있을까
저물어 가는 노을처럼
어울리고 싶다

# 감나무골 할매

서리 내리면 감나무골 할매는 바쁘다
초가지붕에 올라가 감 따고
떨어진 감 굴리며 꼬리치는 강아지
불어오는 바람에 치맛자락 날리며
감 따는 감나무골 할매

땡감 열다섯 번 손질한 곶감 하나
자식들 교육시켜 시집 장가보낸
귀하고도 고마운 감나무
젊을 땐 두 접 깎았는데 이젠 한 접도 버거워
곶감 닮아 주름진 할매가 처연하다

놀이터 없어 감나무 밑으로 달려간 꼬마아이들
팔순 할매의 어린 시절 추억
난 곶감 만든 고수야 이놈 참 곱기도 하네
하루 몇 번이고 처마 밑 오가며 감 말리는 할매

날이 추워야 곶감이 달고 맛있다고
칭칭 대는 손자 손녀 달래주던 할매
하늘하늘 바람 불며 앙상한 가지 춤을 추고
양지에 앉아 정담 나눈 감나무골 할매다

# 억새

은빛 머리카락 바람에 휘날리며
가느다란 허리 강인한 몸부림에
오늘도 오색 무지개 꿈꾸게 하네

청량한 하늘에 두둥실 뭉게구름
세찬 바람에도 잘 견디어 낸
너의 굳은 의지 닮아가고 싶어라

하늘하늘 가냘픈 너의 모습
나이를 먹어간 내게
새로운 용기와 삶 북돋우며

한 해 들풀로 최선을 다해 살아온
너의 자태는 갈색으로 물들어
아름다운 추억 아로새긴
그의 굳은 의지에 찬사를 보낸다

# 개여울 압록 섬진강변

가슴에 아련한 그리움 싣고
꽃처럼 웃고 새처럼 노래하는
나루터 물 위에 꽃배가 떠 있네

향긋한 풀내음 풍기는
여린 새싹들의 잔치
연둣빛 축제 향연
은물결 춤추며 봄 향기를 가득 채운다

새 옷을 갈아입은 침곡마을
양탄자를 깔아놓은 철쭉꽃들
눈에 담고 사진으로 남기고 픈
한 폭의 수채화 영원한 숨결이여

흐르는 물결을 따라
구름처럼 자유롭고
새털 바람 뭉게구름처럼
자연과 어울려 고요하고 평화롭다

빛이 주는 아름다운 세상
마음에 와 담고
자연만이 생성한 설레는 감성
개여울 섬진강변 내 마음 있으라

# 꽃과 사람

꽃은 피어날 때
소리가 없고

사람은 태어날 때
울음을 토한다

꽃은 피고 질 때마다
말없이 피었다가
흔적 없이 사라지지만

우리네 사람은
태어나면서부터
살아가야 할 이유를

나이의 연륜만큼
터득하고 있다

제5부

# 색으로 눈빛을 감아 오는 계절

# 가질 수 없는 황금 들판

구름도 한 점 없는
출렁이는 황금 들판
보석보다 더 눈부시다
폭풍 속에서도 굴하지 않고
가슴 조이며 알알이 품은
누런 황금알을 잉태하였다

찬란한 햇살
아련히 가슴속으로 스며들어
소복이 쌓인 벼 짚단
속절없이 타오르는
농부의 설렘인 풍년가 소리
그 순간만큼은 행복하다

자연만이 베푸는 잔치에
누구도 가질 수 없는
바라만 보아도 넉넉하고 포근한 들녘
사랑의 씨앗을 뿌렸던
농부의 소중한 땀방울
보석 같은 벼 쌀 하나 가슴에 담고
영혼을 살찌우리라

# 명사십리

넘실대는 수평선 넘어
은빛 물결 춤추고
시원한 푸른 바다
반가움으로 마음의 문을 열어 본다

그리운 사람들 어디에서
명사십리 생각하며
아름다운 꿈의 나래 펼치고 있겠지

저녁놀 붉게 물들 때
알몸으로 파도에 부딪히며
변함없는 그 자리에 버팀목 되어
굳어버린 바위 망부석 되었고

갈매기 울음소리 풍광 벗 삼아
비단길 명사십리
무상한 바닷길 동무 되었네

파도처럼 밀려오는 옛 추억
조약돌 주우며 모래 위에 새긴 글
하얀 거품 내뿜으며 토해낸 파도
마음은 먹빛으로 젖혀지는데

모래 위에 우정의 성 쌓으며
시샘 낸 파도 모래성 무너지고
아무것도 가질 수 없다는 헛된 망상
소라껍질만 나에게 속삭이듯
무언의 가르침 일깨워준다

# 색으로 눈빛을 감아 오는 계절

이른 아침에 이슬을 머금고
언덕 위 따가운 햇살을 따라
고개 돌아간 노란 해바라기꽃
세상은 온통 무아지경의
계절을 물감으로 색칠하고 있다

진분홍 백일홍꽃은
백일동안 꽃 잔치를 하니
들녘에 가느다란 허리 한들거리는
삼색 코스모스꽃
줄기 따라 작은 얼굴 내밀고
미소를 짓는 분홍 분꽃은
바람 언덕에 계절을 맞이한다

정성 어린 장독대를 닮은
어머니의 하얀 접시꽃
산길 양지에 외롭게 핀
흰빛 보랏빛 구절초꽃
여인의 입술처럼
붉은 사르비아꽃
삶의 향기가
미색으로 넘치는 계절이다

예쁜 우리 아가의 손톱에
꽃물을 드리는 봉숭아꽃
바람은 종일 꽃잎들을 흔들어 대도
무심천에 피아노를 치는 들꽃들
산천에 붉게 물든 단풍잎과
길가에 노랗게 물든 가로수 은행잎
어느 계절이 그랬듯이 색으로
역마차를 타고 오는
한 폭의 무아지경 그림의 계절이다

# 십이월의 노래

하늘을 덮은 잿빛
한 해를 보내는 아쉬움도
풀잎 그림자처럼 물 위에 남기고
고맙다는 말로 허허로운 가슴 채우고
새해 꿈 맑고 푸르게 피어오른다

텃밭 감나무 잎처럼
세찬 바람에 빛 잃고 떨고 있는
저물어가는 허탈감에
나만의 변화 사랑했음에 감사한다

제야의 종소리 울려 퍼지고
마지막 잎새 이별 편지 바람에 날리며
세모(歲暮)의 눈, 길을 걸으며
오는 해를 그려본다

자연처럼 순리로 흘러가듯
욕심부리지 말고 편안하게 걸어가리

행복의 나이테가
더불어 누릴 수 있기를

# 낙엽을 밟으며

시월의 낙엽을 밟으며
한 잎 두 잎 낙화되는 잎새 사이로
갈색 그림자 서글피 우네

겹겹이 쌓인 추억은
그리움으로 보내 주리라

떨어지는 낙엽을 주우며
노란 불나비가 되어
이리저리 날아 춤추는
하나의 그리움을 남기렵니다

빨간 단풍잎 책갈피 속에 숨기며
너와 이별해야 할 안타까움
보내기 싫어서 다시 한번
바스락바스락 메아리로
골짜기에 울려 퍼집니다

# 겨울이 오는 길목에서

큰 머그잔에 담긴
달콤한 커피 향처럼
아름다운 수채화로
종이 위에 펼쳐놓은
차안(此岸)*의 가을이

찬바람 몰고 온 가랑비
화려한 빛으로 뽐내던
구절초가 상고대 바람에
그윽한 향기를 잊어가네

음악처럼 흐르는 세월
돌담 옆 은행나무
곱게 입은 옷마저 잔인하게
알몸으로 벗겨 내세우는데

무채색의 계절
화롯가 옹기종기 모여 웃음꽃 피며
눈빛 하나로 서로 마음 읽어주는
솜처럼 포근한 마음 되고 싶어
하얀 겨울이 오는 길목이 마냥 즐겁다

*차안(此岸) : 나고 죽고 하는 고통이 있는 이 세상.

# 가을에

하루하루
가을을 보내며
널 기억하고파 스케치북에
한 폭의 수채화 그려본다

한 잎 두 잎
떨어진 잎새를 보며
어릴 적 철부지 친구에게
예쁜 사진 한 장 찍어 보내고 싶다

각양각색
나뭇잎 분분히 낙하하는 소리
다시 우리 곁으로 부활을 약속한
끊임없는 생명의 속삭임인가

쉼 없이 춤추며
감동의 무대를 온 누리에 장식하고
점점 멀어져간 너의 뒷모습 그리워
다시 올 가을 기다리련다

# 가을이 오는가

바람이 는개 * 처럼
산들 불어오면
무더위는
바람 따라 사라지고
누군가를 찾아
혼자서 떠나고 싶다

파도가 밀려오는 바닷가
조개껍데기 줍고
긴~ 머리카락 휘날리며
마냥~ 하염없이 걸어보고 싶다

실바람에
하늘거린 코스모스 길
들판은 온종일 춤추고
은빛 억새 출렁거리는데
그냥 그렇게
묵묵히 사색에 잠기고 싶다

그늘에서 맞는 서늘바람이
찜통더위를 이겨내고
그 자리를 지킨 자연의 보고

조석으로 변하는
우리의 마음을 되돌아보면서
혼자서 끝없이 걸어보고 싶다
아! 가을이 오는가?

*는개 : 안개비보다는 조금 굵고 이슬비보다는 조금 가는 비.

# 은행잎을 밟으며

노랗게 옷 입은 가로수
바람결에 쏟아 놓은 진한 향기
유년의 기쁨으로 성큼 다가온다

뜨겁게 열매 맺어
길가에 씨앗 뿌리고
오묘한 자연에 만취한 당신
외롭게 떨어지는 아련함이여

그대를 바라보며 사색할 때
넓은 하늘 조각배 지나가고
노란 물감으로 색칠한 은행잎
하나둘 마구 떨어지네

낙엽처럼
뒹굴고 밟히고 뭉그러지고
눈물 흠뻑 젖은 채 묻어가는
인간의 삶 순례길처럼
가로수 바라보며 깊은 상념에 잠긴다

# 낙엽 예찬

낙엽이여
그리움에 마음 시리거든
가을 노래 불러보오

따뜻한 사랑으로 그대 감싸주리니

낙엽이여 울고 싶거든
소리쳐 외쳐보오
난
친구 손 되어 눈물 닦아 주리니

낙엽이여
마지막 잎새로 죽음에 떨고 있을 때
두려워하지 마오
난
죽음 두려워 떠는 손 꼭 잡아주리

낙엽이여
구르며 밟혀 뭉그러지더라도
슬퍼하거나 안타까워하지 마오
난
영원한 그대 길잡이 되어 주리니

# 성례할매의* 가을 편지

하루 몇 번
이리저리 뒤지며 말린
콩이며 참깨며 고구마까지
성례할매, 언제부터인지
팔 남매 자식의 얼굴 그리며
사랑의 빛 바람 따라
마을을 타고 넘네

장독 옆 곱게 물든 은행잎
홍시 빛으로 물든 시골 노을
가을 향기 듬뿍 담고
성례할매, 쌀 한 톨 아끼려
밤 고구마 섞어 밥 지으며
마냥 행복 속에 잠기네

보고 싶은 애틋한 마음
소식 없으면 궁금해 안절부절
성례할매, 가을걷이 숨겨둔
보물창고에 치맛자락 날리며
종종걸음 이쁘네

하얗게 무르익어가는 그리움으로
햇살을 머금은 윤슬처럼
사랑하는 자식에게 정을 가득 묶어서
오늘 택배 보내니 맛있게 먹고 건강하라고
성례할매는 당신이 뿌린 사랑의 불씨로
미소를 띄우며 짧은 가을 편지를 보내시네

*성례할매 : 시골 마을 사람들이 시모를 가리켜 '성례할매'라고 부른다.

# 눈은 나비처럼

천상에서 눈송이가
나비처럼 꽃가마를 타고
땅에 떨어지니 무언의 눈물이네

누구의 눈물일까
재롱둥이 아론이의 눈물인가
다정한 친구의 눈물인가
존경스러운 부모님 눈물인가

소리 없는 무언의 반항처럼
가슴의 샘 눈물 되어 흐른다

다 쳐다볼 수 없이 잠깐만 머문 곳
그리움의 발자국 남기며
고운 꽃가루가 살포시 쌓인다

나 하나의 안타까움
나 하나의 사랑
나 하나의 추억
나 하나의 삶도
유리창에 그래픽으로
그리고 지우고 하면서 지난날의 추억도
다시 환하게 밝아 올 이별가인가

# 가을 낙엽

가을에 떨어지는 잎은 곱지도 않고
가을 여인의 모습처럼 쓸쓸하며
그렇다고 아름다움이 없는 것은 아니다
내면의 예쁜이 잎이 봄 쪽에서 오는
그윽한 푸른 잎 향기가
어릴 적 친구를 문득 생각하게 한다

만추에 떨어지는 오방색 단풍들
불러줄 이름도 없이
자연에서 외롭게 지고지순을 하니
아이들 웃음처럼 천진하기에
너를 가을 낙엽이라 부르고 싶다

잎이 떨어지는 아픔도 모르고
그저 그렇게 살아온 나날이 부끄러워
지금은 무슨 잎새 바람으로 부는가
그리운 이에게
이 빨간 단풍잎 하나 보내고 싶다

# 길 위에서

설익은 미완성 터전에서
가보지 않은 더 넓은 곳으로
오늘따라
복잡하고 넓은 길로 가고 싶다

문득
썰물처럼 다가왔다가 떠나는
수많은 행렬 속에서
무슨 생각에 젖어
난 시방 걷고 있는가?

세월 따라서 살아가는 길목에
빛바랜 추억의 실타래를 푸는
난 곱게 뻗은 길을 만나게 된다

한때는 갈팡질팡했던 시절
몹시 아쉬워하였던 순간도
돌아갈 수 있는 삶은 아니다

언제나 전진하여 나아갈
운명 같은 길이 있을 뿐이다
요란하지 않아도 채워진 삶 꿈꾸며

석양 길, 밝혀주는 마음의 길
그믐달 아래서
오늘도 난, 길 위에 서 있다

## 초여름 풍경

이른 아침 싱그러운 숲길
재롱둥이 아롱이와 신나는 동행
미쁜 초여름 풍경 만난다

나뭇잎 사이로 바라보니
동쪽은 노란색 서쪽은 초록이 어울려
신록의 생명력을 불러일으킨다

여름 심포니 연주하는
생명의 꽃불 춤 사위에
젖어 드는 심혼의 계절
이곳저곳 병풍처럼 펼쳐져 있는가

산허리 차오른 운무는
들풀 끝자락에 송골송골
영롱한 이슬방울들의 합창

낮달 속 해님 들킬세라
숨바꼭질하는 바람결

빗방울 수만큼
톡톡 톡 그 느낌

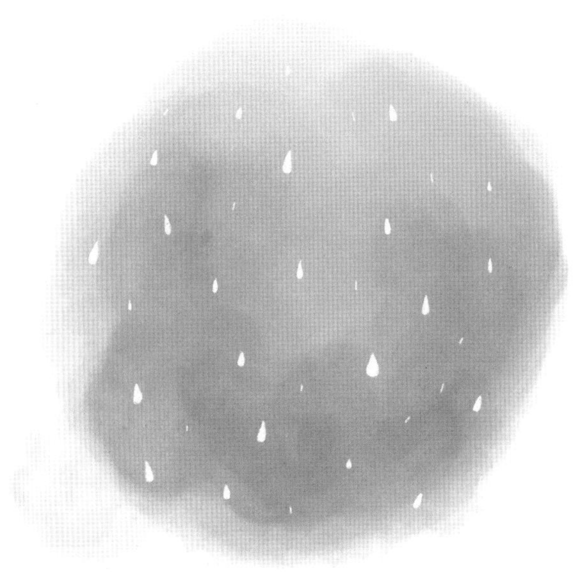

눈에 가슴에 잠겨 든다

대지를 촉촉이 적시며
하염없이 내리는 여름 장맛비 노래

한 여름밤의 세레나데일까
다시 맞이하는 수려한
아침의 근엄한 풍광들
구슬픈 멜로디에 취하고 싶다

# 민들레 연가

아무도 보이지 않은 곳
꼭꼭 숨어 가만히 있지

풀숲 속 깊고 깊은 잠에서
깨어나지 않고
공주처럼 살아가는 민들레

노란 미소 살포시 지으며
벌 나비 떼 불러오는 너
들꽃들 부러워 가만히 들여다본다

바라본 시선 따라 새털처럼
흩어지는 네 모습의 순정
꽃별 같은 선물 남기며
먼 길 훌쩍 떠나려는 뒷모습 허허롭다

가슴 시리도록
물끄러미 바라보는 너
수줍음 타는 새아씨와 같이
그토록 부끄러울까

눈 맞춤 하는 애련함보다
당신이 더 사랑해 달라는 투정 뒤로
이별의 마파람 불어온다

산산이 부서지는 허공의 하소연
이승의 끝자락에 서서
목젖 아리도록 부른다

살아있는 동안
아낌없이 사랑해 달라고
마지막 절규
슬픔이여, 이제는 안녕….

# 새날은 오는데

뜰 안 가득 햇살 모아
한 해의 희망을
꿈꾸어 본다

지나간 시간들은
마음먹기에 따라
채우고 비우는 것

햇볕 쏘아대며 열매 맺기를
샛별 창가에서
나의 꿈 다시 펼쳐본다

넓은 바다 같은 소망
희망이 둥둥둥 떠오른데
내가 존재하는 한
몇 번이나 다시 그려질까

하루에도 수없이 비워내지만
공허한 마음 채우고 또 채우고

오늘도 삶의 터전에서
새로운 희망을
두 손 모아서 그려본다

# 딸 부잣집 오 공주



『은가람』 문학지 소식란에 "추억"이란 주제를 보는 순간 어린 시절의 우리 집 다섯 자매의 얼굴이 떠올랐다. 시골 전남 강진의 조그만 마을 성내리에서 우리 자매는 어린 시절을 보냈다. 마을 사람들은 우리 자매를 부를 때는 이름이 있는데도 딸 부잣집 첫째 딸 둘째 딸 셋째 딸이라고 부른다. 그럴 때마다 우리 자매는 마을 사람들이 몹시 얄미웠다. 이름이 있는데도 왜 저렇게 부르지? 투덜대면서도 그다지 싫지는 않았다.

가끔은 자매끼리 놀고 있는 모습을 한참 동안 물끄러미 바라보시다가 저 자식 중에 한 놈이라도 고추 달고 나왔으면 얼마나 좋으련만 하시며 혀를 차며 아들이 꼭 하나 있어야 하는데 쯔쯔쯔 안타까운 표정으로 놀고 있는 우리를 바라보시며 이웃 아낙네들은 서로의 얼굴을 쳐다보며 말씀하신다. 그렇지만 우리 부모님은 딸자식이라도 곱게 잘 자라야 한다면서 온갖 정성을 기울였음을 나는 잊을 수가 없다. 아침저녁 가족의 기도 시간이면 부모님은 다섯 자매들이 건강하고 착하고 바르게 자라기를 늘 마음속으로 간절하게 기도하셨다. 지금 생각하니 얼마나 고마우신지….

6·25 전쟁을 겪었던 우리의 어린 시절은 몹시도 어려웠다. 그래서 오일장이 오기를 손꼽아 기다린다. 그날은 반드시 먹을 것이 생긴다. 아직도 그 기억 속에 남아있는 오첩대바구니는 어린 시절 하나의 추억거리다. 엄마는 우리 자매에게 간식을 주실 때는 항상 큰 딸부터 차례로 줄 세워놓고 대바구니 큰 것부터 간식을 나누어 주셨다. 간식이라야 보리쌀 뻥튀기 아니면, 눈깔사탕 지금 생각하면 별로 맛있는 것은 아닌데 어쩜 그렇게도 맛이 있었는지. 조금이라도 더 많이 먹겠다고 밀고 당기던 그때가 그리워진다. 특히 욕심 많은 셋째인 난 늘 내 바구니가 적다고 투정 부리며 울음을 터뜨리던 나에게 둘째 언니는 자기 몫을 나에게 주면서 울던 나를 달래주곤 하였으며, 어디를 가든 유난이 나를 데리고 다니면서 함께 놀아주었다. 그것이 인연이 되어 반세기가 지난 지금에도 매주 일요일에 만나 오전에 교회에서 예배보고 오후에는 사우나에서 여가를 즐긴다.

우리 집 자매들은 얼굴 모습과 성격도 각각 다르다. 첫째 큰딸은 온순하고 어릴 적에도 울지도 않고 순하게 큰다고 순자라고 이름을 지었을 것이다. 둘째인 선자는 자기를 희생하고 자매들에게 무조건 양보하는 편이라 새 옷이며 양말, 학용품 예쁜 머리핀까지도 다 내어주는 착한 성품이라 부모님이 아마 선자라고 이름을 지어주셨다. 셋째 딸인 난 욕심 많고 남에게 뒤지지 않으려는 성격과 또한 울음이 많았다고 한다. 엄마가 새벽기도 가시고 안 계시면 잠에서 깬 나는 엄마가 돌아오실 때까지 울었다고 한다. 그래서 울보라는 별명도 있고 또한 어릴 적 동생이 엄마 젖을 먹고 있는 것을 보면 시샘을 내어 동생과 같이 젖을 여섯 살 때까지 먹었다고 한다. 그래서 나를 맑고 곧게 자라라고 정숙(貞淑)이라고 지었다. 넷째인 혜경이는 생각이 깊고 사고력이 뛰어났으나 생김새가 두리뭉실하여 우리가 부를 때는 뚱보라고 부른다. 하지만 성장하여 보니 다섯 자매 중 가장 머리가 총명하다.

가끔 어려운 일이 생기면 그 동생과 상의하여 해결하곤 한다. 부모님의 사랑을 독차지하고 자란 막내인 다섯째는 아들 하나 낳으라는 할아버지 할머니 성화에 이 병원 저 병원을 찾아다니시면서 겨우 십 년 만에 얻은 자식인데 막내가 태어나는 날은 온 동네가 요란스러웠다. 우리 집 돌담 주변에는 동네 아주머니들이 옹기종기 모여 고개를 내밀고 우리 집 쪽으로 향했다. 산모의 소식을 기다리는 것이다. 얼마쯤 지나 갑자기 엄마의 울음소리와 함께 동네 아주머니들이 하나둘씩 어느새 사라졌다. 아들 아닌 오 공주가 태어나서 그때 우리 자매들은 얼마나 서운했는지 모른다.

하지만 우리가 자라면서 가장 사랑을 많이 받은 것은 막내이다. 만약 막내가 태어나지 않았다면… 후회할 뻔했다. 그 얼마나 인정도 많고 언니들을 사랑하며 따른 것은 부모님의 사랑을 아마도 자매들에게 돌려주는 것 같다. 이렇게 자란 자매들은 얼마

있지 않으면 설날이 돌아오는데 먼 여행을 떠난 부모님은 우리 곁에 계시지 않고 돌아오지 않음에 그리움만 쌓이고 각자의 시댁으로 명절을 지내려 가니 만날 수 없음을 안타까워하며 눈가에 이슬이 맺힌다. 이 글을 쓰고 있는 이 순간에도 자매들은 모두 지금처럼 건강하고 행복하게 예쁜 가정 잘 이루고 살아주길 바랄 뿐이다. 보고 싶다. 우리 오 공주 만나서 그동안의 이야기로 정겹게 웃음꽃 피우고 싶지만 모두가 아름다운 한 장의 어린 시절의 잊을 수 없는 추억만 남아있을 뿐이다. 우리 오 공주인 순자. 선자. 정숙. 혜경. 보영, 자매들이여! 내일의 꿈을 먹고 살자.

# 자줏빛 국화가 필 때면

한가위가 지난 지가 20여 일 지났다. 조석으로 기온이 쌀쌀하게 느껴지는 걸 보니 벌써 가을이 저물어 가고 있는가 보다. 이때쯤이면 문득 생각나는 고마운 분이 내 기억 속에 떠오른다. 25년 전, H 여자 중학교 근무할 때 나에게 사람이 어떻게 살아가야 하는지를 일깨워주신 고마운 선생님을 잊을 수 없다.

여느 때와 다름없이 그날도 조용한 아침 자율학습 시간 교실 창가 앞 교정에는 자줏빛 국화가 유난히도 예쁜 빛을 띠며 피어있는 것을 보고 언제 저렇게 피었을까? 생각에 잠겨있는데, 허겁지겁 달려온 급사 아이의 목소리… "선생님 전화가 왔는데요." 그 말을 듣는 순간 불길한 예감이 머릿속을 엄습해온다. "숨 좀 쉬고 천천히 말해" 하면서도 혹 아버지께서… 내 추측이 맞았다.

난 교무실로 달려가 책상 위 책들을 대강 정리하고 곧바로 병원으로 갔다. 병동이 가까이 다가오자 귓전에 들려오는 통곡 소리 큰 언니와 작은언니가 애절하게 울음을 터뜨리는 것이다. 나 역시 북받쳐 오는 울음을 참을 수가 없었다.

이 세상에서 무엇과도 바꿀 수 없는 나의 가장 존

경하고 소중한 아버지 무척이나 딸자식을 사랑과 희생으로 보살펴주시고 바르게 자라기를 원하셨던 우리 집의 버팀목이시며 기둥이셨던 아버지였다.

아버지는 위암이라는 병으로 몇 번 대수술을 하셨다. 4년간 투병 생활을 하시면서 많은 시간을 병실에서 보내시었다. 우리 자매는 교대로 병간호하기를 원하였으나 모두가 직장생활을 하여 퇴근 후 아버지 병실을 들르곤 하였다. 그럴 때마다 아버지는 빨리 집에 가서 쉬라고 재촉하시는 성화에 우리는 쫓겨나다시피 병실을 나섰다. 지나고 보니 모든 것이 아쉽고 후회뿐이다.

그러던 어느 날 국화꽃이 피기 시작하던 초가을 아버지 병이 악화하여 하루가 다르게 변하는 아버지의 모습을 차마 눈뜨고는 자식 된 도리로서는 볼 수 없을 정도로 앙상하게 뼈밖에 남지 않고 그렇지 않아도 커 보인 눈동자는 더욱 쏙 들어가 누가 보아도 처참한 모습이다. 이러한 모습을 우리들은 바로 볼 수 없어 고개를 돌리곤 가슴 쓰린 눈물을 흘리곤 했었다.

아버지께서 돌아가시기 전날은 참 이상도 하다. 그날은 왠지 아버지 병동에서 아버지 곁에서 함께 밤을 지새우고 싶었다. 이미 그때는 아버지는 말씀을 하지 못하는 상태였다. 병실에 들어서자 아버지는 저보고 집으로 가라는 눈빛이었다. 난 그날만은 고집을 부리며 오히려 엄마보고 집에 가셔서 편안하게 주무시고 오시라고 하였으나 엄마는 사양하시면서도 "그럼 딸이 있으니 잠깐 눈을 감아 볼까" 하시면서 "속도 없이 초저녁부터 졸음이 온다"고 하시면서 잠깐 보조 의자에 누우신지 불과 몇 분도 되지 않아 얼마나 고단하셨는지 깊은 잠에 빠지셨다. 딸이 곁에 있으니 안심하셨나 보다.

그 후 아버지는 10분 간격으로 통증이 올 때면 양손에 각목을 손바닥에 대놓고 주삿바늘을 계속 번갈아 가며 꼽고 괴로워하시면서도 눈으로 나에게 눈 좀 붙이라는 시늉을 하셨다. 난 괜찮다고 하면서 아버지의 곁을 지키고 새벽이 돼서야 직장으로 출근을 하였는데 바로 그 뒤로 연락이 온 것이다. 얼마나 감사하는지 임종은 보지 못했으나 하루만이라도 아버지 곁에서 밤을 보냈다고 생각하니 아주 고마울 뿐이다.

난 이렇게 자줏빛 국화가 필 때면 잊을 수 없는 한 분이 떠오른다. 그분은 모두에게 어떻게 살아가야 한다는 것을 또한 인간만이 추구하는 아름다운 미덕을 일깨워주신 분이다. 사회생활 초년생인 김 선생님은 학교를 갓 졸업하시고 초임발령을 제가 근무하는 학교에 오셨다. 오신지 몇 달이 되지 않았는데도 그분은 하루도 빠뜨리지 않고 우리 장례식장에 오셔서 함께 슬픔을 겪으며 아버지의 곁을 지켜주신 고마우신 김 선생님! 다만 같은 과목 직장동료일 뿐 서로 간에 함께했던 시간은 많지 않았는데….

진심으로 고맙습니다. 제가 인생을 살아가는데 올바른 삶의 의미를 배울 수 있었고 약해졌을 때 의지할 수 있었던 버팀목이 되어주신 선생님은 시간이 흐르고 나이를 먹어가는 저에게 나이 어린 젊은 선생님의 무언의 가르침은 영원히 잊을 수 없습니다. 혹 이 글을 읽으시게 되면 소식 주세요. 멋진 만남의 자리를 마련하고 싶습니다. 이제 저도 선생님처럼 남을 위해 배려하고 도움이 될 수 있는 삶을 살아가려고 끊임없이 노력하겠습니다.

오늘 밤도 세차게 바람이 불어오고 있습니다. 선생님의 훈훈한 사랑과 고마움을 담뿍 안고 노란 은행잎과 함께 바람 따라서 내일을 기약하는 아침의 자줏빛 국화는 더욱 곱게 붉은빛으로 물들어 있겠지요.

# 토착 정서의 친근미와 이미지

채수영(시인 · 문학비평가)

## 1. 프롤로그–시를 위한 송가

시는 마음을 위로하는 기능을 가질 때, 가슴이 젖게 되고 아름다움을 노래할 때 즐거움을 불러온다. 물론 사랑의 기쁨처럼 날아오르는 비상의 나래에는 세상의 행복을 위한 가락이 춤을 출 것이다. 이때 시는 인간의 정서를 더욱 높이로 끌어올리는 에너지를 사람들에게 전달할 때 시의 효능은 빛나는 이름으로 시인의 가치를 고양(高揚)할 것이다. 그 때문에 슬픔과 아픔이 오고 신산(辛酸)한 세상의 험한 파도를 헤쳐나가는 길에 시의 얼굴은 인간을 위무(慰撫)하는 어머니의 얼굴이다가는 때로는 사랑을 노래하는 애인의 표정을 갖는 천의 변화를 위해 시인은 온갖 신명을 투척한다. 비단 아름다운 언어만을 골라 표현하는 것이 아니라 내심의 진실을 우려내 한 줄의 시로 나타내는 시인의 가치는 여기서 고귀한 임무가 지워진다.

시인은 언제나 자기를 불살라 타인의 정서에 날개를 달아주는 창조의 임무는 포기할 수 없는 성스런 의무라는데 이의가 없다.

문정숙 시인의 시를 위한 길라잡이에서 시의 임무를 거론하는 것은 그의 고운 마음을 살피는 즐거움이 시의 속성이기 때문이다. 돌아가신 아버지를 그리워하고 어머니의 사랑을 추억하는 반추(反芻)의 정서에는 깊은 정감이 담겨진다. 특히 육친의 정에 가득한 마음은 손녀 혹은 며느리 등등 관심의 초점들 대부분이 주변의 인간사에 모이는 관심을 추적하면서 길을 재촉한다.

## 2. 표정의 다양성

시인마다 자기의 개성이 담겨 있을 때 시적 가치는 빛나는 자리를 점하고 다음 장면으로의 변화를 재촉하는 것이 시적 특성의 일부분이다. 물론 언어의 비유-직접적인 표현이 아니고 시적 장치를 동원할 때 리듬이나 직유 또는 은유 등등의 기능은 따로 분리되는 것이 아니라 유기적으로 하나로 통합되는 객관상관물을 이루는 등가(等價)를 요한다. 이는 형평의 문제가 아니라 총합에서 느끼는 정서의 인상을 좌우하는 요소가 개별성에서 길을 만드는 것이 아니라 함께 아우르는 전체성을 말하는 이유에 접근된다.

### 1) 아버지의 기억과 추억 그리고 회상

문정숙 시인의 시에서 가장 많은 관심사는 아버지로 집중된다. 이는 무슨 사연이 있을 것이다. 그러나 시는 설명을 요하지 않는다. 다만 이미지로 의미의 전달에 주력한다. 수필에 담긴 아버지의 그리움을 아래의 글로 이해 수 있는 길잡이가 될 것 같다

> "이 세상에서 무엇과도 바꿀 수 없는 나의 가장 존경하고 소중한 아버지 무척이나 딸자식을 사랑과 희생으로 보살펴주시고 바르게 자라기를 원하셨던 우리 집의 버팀목이시며 기둥이셨던 아버지였다.
>
> 아버지는 위암이라는 병으로 몇 번 대수술을 하셨다. 4년간 투병 생활을 하시면서 많은 시간을 병실에서 보내시었다. 우리 자매는 교대로 병간호하기를 원하였으나 모두가 직장생활을 하여 퇴근 후 아버지 병실을 들르곤 하였다. 그럴 때마다 아버지는 빨리 집에 가서 쉬라고 재촉하시는 성화에 우리는 쫓겨나다시피 병실을 나섰다. 지나고 보니 모든 것이 아쉽고 후회뿐이다."
>
> —「자줏빛 국화가 필 때면」 일부

문정숙 시인이 쓴 수필로 시집의 끝에 첨가한 글이다. 4년여의 병고에 시달린 아버지의 기억과 회상은 시인의 가슴에 영원히 떠나지 않는 각인(刻印)의 트라우마였고 이로부터 아버지의 환영은 마음 깊은 곳에 자리 잡아 떠날 줄 모르는 상(象)으로 기억의 문을 두드리는 인자(因子)로 작동된다. 딸 다섯 중에 셋째인 시인의 심사는 애절성의 깊이에서 항상 문을 두드리

고 다가선 아버지에 대한 시심(詩心)은 집안의 대들보이셨고 튼실한 기둥 아래 자란 은덕을 깊이 새기는 마음이 앞선 느낌이다. 「여명의 빛 하늘에 1」과 「아버지」, 「아버지 영전에」와 「꿈속의 아버지」등에는 70여 세의 딸이 느끼는 곡두엔 깊은 상심에서 우러나온 애처러움이 시의 물기를 더하고 있다.

당신이 그리워서 그 품에 안겨보고 싶어서
우화가 된 네모 난 상자 속에
검은 안경테가 희미하게 아른거리는 얼굴
짙은 그리움의 세월 모래성처럼 쌓이고

그리울 때마다 불러보는 아버지 사랑합니다
수선화같이 고왔던 셋째 딸은 칠순이 넘어
당신의 사랑 앞에 예림(藝林)* 길
꽃잎 휘날리며 예쁘게 걸어갑니다

—「여명의 빛 하늘에 1」 일부

흔히 엄부(嚴父) 자모(慈母)라 부른다. 그러나 엄한 아버지의 모습보다는 시인의 마음에 남아 있는 아버지의 영상에는 그리움의 줄기가 이어지는 애달픔이다. 이는 엄부가 아니라 자상하고 따스하고 또 자랑스러운 딸로의 길을 가고 있는 헌사가 매우 장황하다. 이는 할 말이 많은 심사에 풀려나오는 애정의 속 깊음을 의미한다. 막상 아버지가 부재(不在)라는 데서 오는 큰 자리를 의식하기 때문에 그리움의 넓이가 확대되는 인상이다. 또 셋째 딸이 칠순이 넘어서도 여전한 그리움의 진원이 예림(藝林)의 자랑을 보고 드리는 의미-"꽃잎 휘날리며 예쁘게 걸어갑니다"에서 긍지를 보고하는 형태가 된다.

시인은 남다른가? 이는 정신으로 가늠하는 이름이지 명예나 다른 의미가 부가되는 것은 아니다. 여기서 시인이라는 명칭은 아버지에게 자랑이 될 수 있음을 의미할 때 무거운 딸의 마음이 한결 가벼워지는 느낌-시 속에 아버지를 시화(詩化)하는 긍지가 보이기 때문에 몇 편의 시로 의미를 새기는 것 같다.

청보리밭 바람결에
목이 쉬도록 그리운 언어로
소리쳐 부르며 달려보았으나
떨어지는 꽃잎처럼
눈, 앞에서 떨어진다

그토록 애절한 외침은
부서지는 파도처럼
수평선 저 멀리 사라지고
보고픔과 그리움의 눈물은
더욱 쌓여만 간다

당신을 닮아가고 있는
칠순의 딸은 꿈속에서
멀리서 무언으로 안아주는
아버지의 그 사랑의 흔적
마음속 깊이 새기며

또 하나의 그리움으로 남기리라

—「꿈속의 아버지」 전문

마음이 시의 언어로 나타날 때는 고심의 흔적이 유난히 깊어진다. 다시 말해서 아버지의 그리움을 새삼 강조하는 것은 아버지의 환상이 깊이 다가온 결과-이는 시인의 삶에서 소중한 인자이면서 삶의 에너지를 공급한 이면이 드러난다. 이 같은 상징은 항상 사랑으로 감싸는 느낌이 떠나지 않고 정신을 이룩하는 절대요소라는 개념이 나타난다. 땅을 딛고 살아가는 본질에 대한 감사이고 부재한 아버지의 그리움이 결국 살아가는 생명의 호흡과 같은 느낌을 가질 때 감격의 호소는 더욱 절실성으로 드러난다. 이것이 문정숙 시인이 아버지에 대한 절절한 효심의 발로인 셈이다.

**2) 어머니의 사랑**

한국 시인의 대부분은 어머니에 대한 시를 쓰지 않는 시인은 없을 것이다. 특히 사랑이나 고향이나 자연에 대한 시화(詩化)는 마치 원형으로 생각하는 정서가 가득하다. 이는 자기 본분을 찾아가려는 추원보본(追遠報本)에 대한 깊은 뿌리가 작용한다는 의미일 것이다. 이는 대가족의 근본을 찾으려는 발상이고 멀리는 자연 사상이 근간(根幹)을 의미한다. 때문에 아버지는 하늘의 개념이고 어머니는 땅의 의미와 결합하는 자연관의 본질이 여기서 출발한다.

하늘과 땅은 분리되는 의미가 아니고 둘이 결합하여

비로소 화합하는 발상이 동양사상의 근본인 셈이다. 이런 사고는 오랫동안 이어온 우리의 정서관의 하나일 때 김소월의 시에는 엄마와 누이 등은 곧 자기 자신이라는 동질성이 나타난다. 문정숙 시인의 시 또한 이런 정서의 일관된 의미가 통하고 있다.

「초승달에 그려진 어머니」, 「봄꽃 하늘길에」, 「강남 제비」 등은 어머니의 추억을 회상하는 시라면 「봄을 기다리며」, 「손자 기다림」, 「내 며늘아기」 등은 모정이 바탕이 되어 시적 흐름을 유지한다.

초승달처럼 예쁜 송편
어머니의 정성스러운 손길
다시 볼 수 있을까
하얀 문지방에 비친 그림자
그리움은
마음속 깊이 파고듭니다

휘영청 둥근달 얼굴 내미는
어머니 섬섬옥수
홍치마 색동저고리
곱게 다리미질을 하여 입혀주고
꽃고무신 신겨주신
그 사랑의 은혜
내리사랑보다 더 깊은 샘물입니다

—「초승달에 그려진 어머니」 일부

사랑은 무한하기 때문에 길이 없이 찾아온다. 그리

고 끊김이 없이 마음 줄을 타고 수시로 마음속에서 떠날 줄 모르는 환영으로 사랑의 깊이에 당도하고 싶은 열망이 삶의 길에 따라온다. 이런 사고는 어머니의 마음과 시인의 마음이 교감하는 통로가 항상 열려있음을 의미하고 이런 정서가 곧 한국 사람이 갖는 보편적인 정서일 것이다. V.M 위고는 "여자는 약하다, 그러나 어머니는 강하다"는 어머니의 힘이 자식들에 전달되는 강한 삶의 원천임을 말하고 "어머니는 아들의 친구가 성공하면 질투한다. 어머니는 아들보다도 아들 속의 자기를 사랑하고 있는 것이다"는 니체가 한 말이다.

모두 자식들을 향한 맹목(盲目)-사랑은 때로 맹목의 장님일 때 순수함을 의미한다. 자식이 아무리 고약한 죄를 지었다 해도 어머니의 사랑은 변함이 없을 때 비로소 모정의 깊이는 자식을 올바른 길로 나아갈 수 있는 동력이 된다. 물론 네로의 어머니 아그리피나는 그 지아비를 죽이고 아들을 황제로 만들었지만, 네로가 언젠가 자기를 죽일 것이라는 망상 때문에 어머니를 죽인 극악도 있지만…기독교의 성인 어거스틴은 방탕과 패륜아였지만 어머니 모니카의 정성과 기도로 성인이 된 이야기는 예외가 아닌 우리네 모정의 초상(肖像)인 셈이다. 그는 "어머니는 기다리는 분"이라는 말을 남기고 있다.

### 3) 식물 정서와 봄

사람의 성품에 따라 좋아하는 것이 분명할 때 대체로 그 사람의 개성을 짐작할 수 있다면 문정숙 시인의 시에는 봄의 이미지가 많고 식물 정서가 시 구성의 주류를 이루고 있다. 이는 시인의 삶의 요인이 도시적인 정서가 주류를 이룬 것이 아니라 시골의 정서와 어린 시절의 추억 등이 지배요소로 작용하는 이유가 될 것이다. 왜냐하면, 인간은 그가 경험한 것의 대부분이 마음 바닥에 고여 있어 항시 출몰하는 것이 보편성이기 때문이다. 다시 말해서 어린 날의 먹던 음식이 평소에 좋아하는 것이 되는 경우는 흔하다. 이처럼 경험은 어릴 때 쌓은 체험이 가장 많이 작용하는–마치 삼각형의 가장 밑변이 어린 시절이고 점차 올라간 꼭짓점은 최근의 경험인 것처럼 근간을 형상한 추억은 대부분 어린 날의 추억이 작동된다. 「꽃이여」, 「사랑의 꽃다발」, 「들풀이 되어」, 「오월 편지」, 「하얀 찔레꽃」 등 식물 정서의 시들이라면 「자화상」, 「봄을 기다리며」 등도 식물 정서가 봄으로 환생하는 시들이 문정숙 시인의 정서를 장악하고 있다.

온 누리 그윽한 향기 풍기며
봄 이야기에 귀 열고
눈망울 터트린
수줍고 보드라운 잎마다
햇살 받으며 맑게 품으리

봄날의 설렘
그리운 고향
아름다운 추억
그리운 사람들

봄바람 따라 길 나서면

그리움의 강 따라
또다시 봄이 오는가

—「그리움의 강」 일부

봄이 오면 시인의 정서는 살아난다. 추운 겨울- 엄동 시절을 웅크리고 있던 마음이 비로소 개화하려는 기지개를 켜고 눈이 떠지고 생각의 파도가 일렁이는 정서가 흥으로 돌아온다. 이때 문정숙 시인의 정서는 시를 찾게 되고 영혼이 맑아지는 꿈을 만드는 분주한 의식이 활발해진다. 바로 봄이 에너지를 일깨우는 힘—아마도 봄에 시작-태어난 정서일지도 모른다. 왜냐하면, 사람은 저마다 본질(本質)로 귀환하려는 마음의 길이 있기 때문이다. 이는 설명으로는 불가능하다. 다만 이끌림이라는 근본의 길이 보이지는 않지만, 이끌고 있는 어떤 에너지라는 말로 설명이 가능할 것이다. 위의 시를 보면 봄에 불어오는 바람을 타고 그리움이 오는 것 혹은 추억이 무지개를 그리듯 마음의 저쪽 멀리에서부터 다가오는 인상을 주는 것은 시인의 마음이 시키는 정서의 자동화(自動化)로 설명이 가능하다.

초록 무르익어가니
풀 내음 물씬한 오월
포근함 나누는 여신이 되고 싶어요

빨간 카네이션
한 다발 곱게 묶어

존경하는 그대에게 드려요

—「사랑의 꽃다발」 일부

"여신이 되고 싶어요"와 한 다발의 꽃을 '그대에게 드리고 싶어요'의 원망(願望)형은 바로 시인의 마음이 움직이는 봄기운의 영향이다. 누가 시키는 것도 아니고 또 누굴 위하는 의도적인 것도 아닌 오로지 자발성의 내부에서 우러나오는 기운에 의해 설명이 가능하다. 물론 '그대'는 딱히 꼬집어서 누구라는 지칭은 아니지만, 흥이 오를 때 미지에의 대상을 암시한다. 시는 상징의 대상이 꼭 지정된 의미가 아니고 막연한 대상을 그대 속에 포함하는 양식이기 때문이다. 「오월 편지」, 「오월의 장미」 등 오월에 유난한 애정은 시인의 정서가 지향하는 미지의 공간에 대한 사랑의 뜻일 것 같다.

### 4) 그대를 향한 마음의 꽃

꽃에는 향기가 있기 때문에 고귀한 인상을 첨가한다. 이 말은 단순한 개체의 의미가 아니라, 혼합형 혹은 복합되어 인상을 만든다는 뜻이 된다. 꽃을 연상하면 향기가 떠오르는 것은 복합된 정서의 이름이 된다. '그대'라는 말은 흔히 미지의 대상인 사람을 지칭할 수도 있고 또 그리움의 대상 혹은 자기가 바램하는 신의 이름일 수도 있는, 이른바 시적 효용에서 모호성의 원리에 근접한다. 「소나기에 젖은 연가」, 「짝」, 「당신 있음에」를 읽으면 남편을 암시하는 것 같다. 이는 대상과 의미의 간격이 짧은 비유로써 애매성과는 다른 길을 느끼게 된다. 시는 직접성이 아니라 애매성의 원리-앰비규어티라는 말로 설명이 가능하다. 표현대상과 이미지의 간격이 멀수록 신선미를 가져오는 비유(譬喩)에 의해 -고급성을 말할 수 있기 때문이다.

당신이 내 곁에 있음에
마음 다 주어 사랑하며
항상 믿고 의지했어요

당신이 내게 환한 미소 지을 때
감사와 사랑으로 감싸주며
항상 이해와 배려가 있어요

… (중략) …

당신과 푸른 초원에서
사랑과 믿음 바탕으로
마르지 않는 옹달샘 되어
당신 있음에 내 삶이 있다는 것을

—「당신 있음에」 일부

조건에는 근거가 따른다. '당신이 있음에'이라는 조건을 성숙하는 일은 이해와 배려 혹은 시를 쓸 수 있는 근거의 제공 또는 삶의 동력을 이끌어가는 인자로 작용하는 이해 때문에 그대라는 대상에 존경의 마음이 발동된다. 이는 사랑과 믿음이 바탕을 이루었고, 이런 조건이 합치될 때 결론은 "당신 있음에 내 삶이 있다는 것을"이라는 결론이 유도된다.

야금야금 세월은 녹아
어느덧 주름진 얼굴
사십팔 년 함께한 내 짝
오늘도
함께라서 더욱 행복하다

태양이 내려 쪼인
하늘 아래 그림자 되어
투덜거리며 짜증 날 때
그걸
받아줄 짝이 있어 감사하다

—「짝」 일부

구체적인 그대의 의미가 짝으로 좁아진다. 이와 더불어 48년 동안 애환을 함께 했고 더불어 자식을 키우면서 신산(辛酸)한 고통인 세월의 등성이를 넘어온 동반자의 보조가 있었기에 오늘의 회고는 더욱 친근하다. 짜증을 받아 주었고 위로의 말이 오갈 때 사랑은 더욱 심연의 깊이에 간직된 샘물을 퍼 올리는 원인이 짝에게 돌아가는 찬사이다.

가정이 건강한 것은 화합이라는 목표에 서로가 헌신할 때 비로소 화목한 가정-행복은 비록 돈이나 권력의 개념이 아니라 사랑의 따스함이라는 표본을 보이는 문정숙 시인의 마음을 그만큼 따스하고 안온하다.

### 5) 가을 의식

가을을 일러 과일의 아버지라고 부른다. 다가오는 냉기 속에서 살려면, 삶의 모든 것을 감추려는 계절이 가을이라면 이 또한 의미를 만들게 된다. 계절의 순환으로는 음(陰)이고 음양오행에서는 금(金)을 상징한다. N. Frye의 이론으로는 미토스 즉 비극이라 정의한다. 그러나 가을은 안으로 속을 채우는 점에서 상식적으로 질척한 비극이 아니라 겨울을 맞이하려는 자발성의 인식이라 칭한다. 「가을이 오는가」, 「가을에」, 「은행잎을 밟으며」, 「낙엽 예찬」, 「가을 낙엽」, 「가질 수 없는 황금 들판」, 「성례할매의 가을 편지」 등 상당한 시적 양산이 가을에 집중된다. 봄이 시작이라면 여름은 키우는 의미이고 가을은 수확을 상징할 때 의미의 길은 시의 진로를 매우 명료하게 설정된다.

바람이 는개처럼
산들 불어오면
무더위는
바람 따라 사라지고
누군가를 찾아
혼자서 떠나고 싶다

파도가 밀려오는 바닷가
조개껍데기 줍고
긴~ 머리카락 휘날리며
마냥~ 하염없이 걸어보고 싶다

실바람에
하늘거린 코스모스 길
들판은 온종일 춤추고
은빛 억새 출렁거리는데
그냥 그렇게
묵묵히 사색에 잠기고 싶다

—「가을이 오는가」 일부

시인의 마음은 항상 소녀적인 감수성에 있어야 한다. 왜냐하면, 시는 늙어서는 안 되기 때문이다. 문정숙 시인은 비록 황혼의 나이이지만 그의 감성은 봄의 꽃을 그리워하고 또 봄에서 활기를 찾는다면 가을에서는 소녀적인 감수성에 시심을 발굴하는 절차가 청명한 가을로 맺혀진다.

가을이 오면 어딘가로 떠나고 싶은 이방인의 쓸쓸함은 슬픔이 원인이 아니고 푸른 하늘을 보고 눈물짓는 소녀의 감수성이 회복된다는 이미지일 것이다 '혼자서 떠나고 싶다'나 '마냥 하염없이 떠나고 싶다' '사색에 잠기고 싶다' '혼자서 끝없이 걸어보고 싶다'의 소망은 소녀의 대표적인 감수성이기에 나이는 늙어도 감수성만은 그대로 머물러 시적인 상상력을 발굴할 수 있는 에너지인 셈이다.

낙엽이여
그리움에 마음 시리거든
가을 노래 불러보오

난
따뜻한 사랑으로 그대 감싸주리니

낙엽이여 울고 싶거든
소리쳐 외쳐보오
난
친구 손 되어 눈물 닦아 주리니

낙엽이여
마지막 잎새로 죽음에 떨고 있을 때
두려워하지 마오
난
죽음 두려워 떠는 손 꼭 잡아주리

—「낙엽 예찬」 일부

순수가 깊어지면 슬픔의 눈물이 된다. 이는 감정이 여과 없이 맑아진 상태일 때 그런 정서는 의식을 채우면서 소녀적인 감상에 젖게 된다면 문정숙 시인은 그런 길을 어김없이 가는 여인의 모습이다. 그러나 시에서 경계할 것이 센티멘탈이라는 요소가 된다면 이를 억제하는 것은 지성의 견제로 비로소 균형을 갖출 수 있어야 한다. 또한, 시가 지성만으로 이루어진다면 과학이 되기 때문에 이런 현상을 적절히 균형으로 이끌 수 있는 요인은 많은 시적 훈습(薰習)이 있을 때 비로소 시의 표정은 밝아지고 행복해질 수 있을 것이다.

가을은 지성의 열매가 익어 내일로 길을 내는 의미라면 시에서 애수(哀愁)적인 요소만이 아니라 차가운 지성을 감싸는 따스한 정서가 필요한 소이(所以)가 시인 자신으로 돌아가는 세월의 의미와 연결될 수도 있을 것 같다.

### 6) 초가집 정서

낭만적인 정서로 초가집은 아련한 향수를 불러온다. 물론 가난의 상징일 수도 있지만 그런 요소보다 친근하고 따스함을 연상—민족 정서의 바탕을 이루는 것이 우리네 초가집이다. 시멘트나 아파트의 차가운 인상과는 달리 부드럽고 포근함을 연상하는 것은 우리의 정서가 거기 친밀한 정서적 공감을 갖고 있음을 의미한다.

문풍지마다 스며드는
바람 소리에도 얼마나 가슴 조이며
쌓아 올린 아픔이었던가?

오랜 세월 동안 정겨움으로 뿌리내린
우리네 삶의 굴레

오순도순 한데 모여 함박웃음 꽃피우며
어머니 무명지 같은 하얀 젖가슴
따뜻한 곳 영롱한 무지갯빛처럼

한 자락 지극한 그 사랑의 끈 당기며
저녁 노을빛처럼 붉게 익어가는
당신의 품속 그곳에 안기고 싶어라

—「초가집」 전문

하얀 문풍지에 스며든 달빛은 우리 민족의 마음이고, 가을이면 명절을 맞이하기 위해 문을 바르는 것은 새로움을 맞아들이는 정성이고, 온돌의 따스함은 어머님의 마음이라면, 초가집은 누천년을 살아온 우리의 피요 살이며 친숙한 우리의 거주문화이다. 더구나 지붕 위에 박꽃이 올라앉은, 세상을 향한 미소는 수줍은 처녀의 마음일 것이다. 온돌에 불을 지피고 따스한 아랫목은 가족의 체온이 어울리는 행복이 피어나는 공간으로의 집-우리의 집이다. 그런 초가집이 차갑고 냉혹한 아파트의 시멘트로 대체 되었지만, 아파트의 수명은 30년을 못 넘기고 부수는 일이 비일비재하다. 초가집은 백 년을 거뜬히 견딜 수 있는 요인은 정성이 결합된 인간과 집이 하나로 통합된 결과라 여긴다.

문정숙 시인은 초가를 그리워한다. "정겨움으로 뿌리내린" "오순도순 함께 모여"의 가족애가 있는 곳이다. 네 방 내방이 따로 멀리 떨어진 것이 아니라 창문 하나 건너 호흡 소리가 들리는 공동의 체온이 있는 초가집을 그리워한다. 이리하여 문정숙 시인은 "당신의 품속 그곳에 안기고 싶어라"의 찬탄이 발성된다. 이는 그의 심성과 연결된 정서의 통로라는 인상을 준다. 그만큼 거리없는 어머니의 마음이 그의 시에 담겨진다는 뜻이다.

수평선 붉은 태양
하늘 가득 채워
고깃배 만선으로 돌아오고
저물어가는 하루가
매일 반복되어도

변함없는 평온함인가

우리네 삶도
시간의 흐름처럼 쉼 없이
세월 따라 저물어 가는데
끝나는 것은 저 노을같이
누구에게나 있는 것

황홀하고 아름다운 노을빛
보는 이 마다 감탄을 연발하는데
나의 삶도 그럴 수 있을까
저물어 가는 노을처럼
어울리고 싶다

—「노을이고 싶다」 전문

느닷없이 초가집의 항목에 노을이 등장하는 이유는 간단한가. 바로 문정숙 시인의 정서와 가장 합리적으로 어울리는 시적 성공을 말하기 위함이다. 그의 나이와 그의 삶에 대한 회상 등을 연결하면 잘 어울리는 황혼-이런 정성 앞에 시심은 다소 서글픔을 일으켜 세우는 어쩔 길 없는 삶의 순환을 느낀다. 누구나 늙어야 하고 세월의 등성이에서 가파른 호흡을 가다듬을 때 돌아보는 과거는 아름답고, 이웃이 있고, 자식이 있고 또 남편이 곁에 있어도 인간의 본질은 항상 고독을 느낄 수밖에 없다. 더구나 시를 붙잡고 하루를 사는 바에는 더욱 그런 정서가 앞장서 아련함을 부추기게 된다. '저물어 가는'이라는 사정을 앞에 놓고 마지막 희망가는 "노을처럼 어울리고 싶다"에 모든 함축된 의미가 말을 대신하고 있다. 노을 앞에선 여인의 모습에서 처연하고 또 순박한 여인상을 그려 넣은 표정은 담담하고 쓸쓸할지라도 자각의 표정이 한층 어울리는 그림과 같다.

### 3. 에필로그-초가집 풍경의 시

문정숙 시인의 시는 맑은 강물을 건너는 표정이 역력하고 치맛자락 날리면서 세월의 길을 걷고 있는 모습이 투영된다. 이는 아름다움이기 전에 근엄함일 수도 있고 진지한 풍경화의 진면목일 수도 있는 화면의 모습이 어울린다.

아버지를 그리워하는 딸의 모습이 애절할지라도 효심의 따스함이 그리움으로 겹쳐질 때 사랑의 딸이 자연스레 겹치는 그림은 우리 삶의 평범함이 주는 아름다움일 것이고 어머니를 마음 깊은 곳에 감춰둔 샘물 같은 사랑의 원천(源泉)으로 생각하는 시심(詩心)에는 삽상(颯爽)한 그리움과 다시 어울리는 정감이 시의 길을 밝게 만들고 있다. 가을의 정서와 봄의 정서가 울림을 주는 이미지가 많은 것은 시인의 행로에 부드러움을 추가하는 식물 정서의 원천에서 가능한 설명이다.

초가집의 밝은 풍경이 문정숙 시인의 시적 풍경이라면 그런 이미지는 가장 한국적인 감수성의 발로로 말할 수 있을 그런 영혼이 아름다운 시인이다.

# 가족사진

문학세계대표작가선 895

# 여명의 빛 하늘에

문정숙 시집

인쇄 1판 1쇄 2019년 9월 20일
발행 1판 1쇄 2019년 9월 28일

지 은 이 : 문정숙
펴 낸 이 : 김천우
펴 낸 곳 : 도서출판 천우
등 록 : 1992. 2. 15. 제1-1307호
주 소 : 서울시 성동구 무학봉28길 6 금용빌딩 2F
전 화 : 02)2298-7661
팩 스 : 02)2298-7665
http://moonhak.wla.or.kr
E-mail : chunwo@hanmail.net



값 13,000원



ISBN 978-89-7954-777-1

이 도서의 국립중앙도서관 출판예정도서목록(CIP)은 서지정보유통지원시스템 홈페이지(http://seoji.nl.go.kr)와 국가자료공동목록시스템(http://www.nl.go.kr/kolisnet)에서 이용하실 수 있습니다. (CIP제어번호: CIP2019033908)